AF318304

TRAITÉ

DE

MENUISERIE EN VOITURES

DEUXIÈME PARTIE

CHAPITRE III

DES ASSEMBLAGES [1]

173. La solidité, l'invariabilité de forme, sont les éléments que le menuisier en voitures doit toujours avoir en vue dans la disposition, le choix des assemblages et la manière de les consolider.

La disposition et le choix des assemblages dépendent le plus souvent de l'endroit de la caisse où ils se trouvent placés : les assemblages les plus simples à entaille, avec tenon et mortaise, à enfourchement... collés et consolidés avec des clous et des chevilles, sont suffisants dans bien des cas, surtout lorsque leurs joints sont recouverts par les panneaux ou la garniture. Les assemblages les plus compliqués avec joues entaillées ou embrevées sont surtout destinés pour les parties apparentes de la caisse ; ils doivent être exécutés avec beaucoup de précision, parfaitement collés à la colle forte et consolidés en plus, si cela est nécessaire, avec des vis à bois. Dans la description qui suit, outre la manière de procéder pour exécuter chaque genre d'assemblage en particulier, nous indiquons d'une manière générale l'endroit de la caisse où l'on en fait ordinairement usage et la manière de les consolider en raison de l'emplacement qu'ils occupent.

Assemblages à entailles. — Les entailles, suivant l'importance de l'assemblage, affectent différentes formes et plusieurs dispositions : *en plein bois* quand l'une des pièces est encastrée dans l'autre de toute son épaisseur ; *à mi-bois* quand chacune des pièces est entaillée, quelle que soit la forme de l'entaille, rectangulaire, à queue d'hironde, en talus ou sifflet.

L'assemblage de l'aile A avec le brancard B du côté de coffre (*fig.* 72) est en plein bois.

Le brancard *b* (section 1, suivant *c d*) est entamé de toute l'épaisseur de l'aile *a*.

L'assemblage des traverses C et D avec le côté E du coffre (*plan* 1) est à mi-bois ; la première est taillée en forme de queue d'hironde d'un côté ; la seconde est rectangulaire, et nous conseillons, pour la célérité du travail, de les faire ainsi toutes les deux. Ces deux traverses sont représentées en perspective en C' et D' sur l'élévation. Au dessous se trouvent les entailles correspondantes, faites sur le côté du coffre, telles qu'elles apparaissent avant que le panneau soit en place.

Il ne faut pas prendre à la lettre l'expression mi-bois, qui conviendrait seulement dans le cas où les pièces ainsi assemblées seraient de même épaisseur et entamées chacune par moitié. Ici les traverses qui ont environ 30 mil. sont entamées de 12 à 13 mil. environ ; il reste donc à la partie saillante 17 à 18 mil. d'épaisseur. Cette épaisseur est suffisante et, dans cet état, les traverses sont assez fortes pour résister aux efforts auxquels elles sont soumises.

[1] Nous avions à choisir entre deux méthodes pour traiter les assemblages, soit en les réunissant tous sous un même chapitre, soit en les traitant en même temps que les caisses où ils s'appliquent ; mais comme les mêmes assemblages se répètent à beaucoup de caisses, cette dernière méthode nous aurait exposé à des redites : nous avons choisi la première.

L'assemblage de la barre A avec le brancard B (*fig*. 73, *représentant sur l'arrière les bâtis de côté d'un phaéton ou d'un break*) est en talus ou sifflet. La section 2, faite suivant *a b*, montre en *c* comment chacune des pièces est entamée. On fait seulement usage de l'entaille en talus pour l'assemblage des barres placées sous les panneaux et destinées à les soutenir.

On consolide ordinairement les trois assemblages que nous venons de décrire avec des clous et de la colle forte pour les deux premiers et des clous seulement pour le dernier.

174. Assemblage à tenon et mortaise. — Dans cet assemblage, lorsque les deux pièces sont de même épaisseur, l'une d'elles A (*fig*. 74, — *perspective*) est entamée également des deux côtés ; la partie saillante qui reste *a b c d g e f*, en forme de parallélipipède, est le *tenon; b e f c* est le *bout* du tenon ; *g a d*, la *racine* du tenon ; la face *a b c d* et son apposée sont les *joues* du tenon ; la face *a d i h* et son opposée sont les *épaulements des joues ;* la face *a g c b* et son opposée sont les *faces d'épaisseur*.

L'autre pièce B montre une cavité qui est la *mortaise*, laquelle offre en creux des joues et des faces, égales et correspondantes à celles du tenon. Les parties de bois qui restent chaque côté de la mortaise sont les *jouées;* l'emplacement qu'occupent les épaulements du tenon contre la pièce B se nomme *portée*.

Les deux pièces A et B sont représentées en A', B', à gauche de la figure, en élévation géométrale et en coupe.

Lorsque les deux pièces A et B sont d'égale épaisseur, on fait ordinairement le tenon et la mortaise le tiers de cette épaisseur. Toutefois cette règle n'a rien d'absolu dans la menuiserie en voitures, car il se présente des cas où il est bon que le tenon soit tantôt plus fort, tantôt plus faible que le tiers de la pièce dans laquelle il est formé, ainsi qu'il en sera fait mention plus loin.

Tenon bâtard. — Quand une pièce A (*fig*. 78), dans laquelle le tenon est formé, vient s'assembler dans une autre pièce B, beaucoup plus épaisse, on peut, dans certain cas, ne faire qu'un seul épaulement au tenon, qui, à cause de cela, est nommé *tenon bâtard*.

Seulement le tenon bâtard a un inconvénient : c'est de faire dévier la pièce lorsque son épaulement presse fortement sur la portée. Ainsi, tant que l'épaulement du tenon n'est pas arrivé sur sa portée, le parement de la pièce A suivra une direction *a b* parallèle aux joues du tenon et de la mortaise; mais, dès que l'épaulement commence à presser la portée le parement *a b* s'incline vers *a c*, et cette inclinaison augmentera en raison de la pression de l'épaulement, c'est-à-dire de la solidité de l'assemblage.

Par cette raison on fait seulement usage du tenon bâtard :

1° Pour tous les assemblages sans importance tels que les barres de brisements, de custodes et en général toutes barres placées sous les panneaux pour les soutenir. La barre (A, A') (*fig*. 73) est ainsi assemblée avec la ridelle (D, D'); la section 2, faite suivant *a b*, montre cet assemblage en coupe.

2° Pour les assemblages où le corps de la pièce qui porte le tenon est entaillée dans celle qui porte la mortaise : la figure 79, qui représente l'assemblage d'un pied de coffre (A, A') avec le brancard (B, B') nous en donne un exemple ; la section suivant *a b* montre en *c* la jouée du brancard élevée au dessus de l'épaulement du tenon. Cette jouée, par son élévation, maintient le pied en l'empêchant de s'incliner du côté opposé à l'épaulement.

L'inconvénient que nous signalons pour le tenon bâtard a lieu même pour un tenon à deux épaulements lorsque la surface de l'un est plus petite que celle de l'autre, à moins que l'on ait soin d'arraser le plus petit épaulement de façon qu'il arrive le premier sur la portée.

Quand la face d'un épaulement forme un angle trop aigu avec l'un des côtés de la pièce, on entaille le corps de la pièce qui porte le tenon d'une certaine quantité dans celle qui porte la mortaise. L'assemblage du pied (A, A') (*fig*. 79) est dans ce cas : si l'on arrasait l'épaulement du tenon suivant la direction *e f* du dessus du brancard, il est évident que cet épaulement, en raison de l'angle aigu qu'il formerait avec la face en avant du pied, n'aurait de ce côté aucune consistance; on lui donne la direction *g f*, et l'on entaille toute la partie au-dessous de *e f* en ayant soin d'arraser le bout de la partie entaillée suivant une direction *h i* normale à la courbe.

On fait usage de l'assemblage à tenon et mortaise presque dans toutes les parties des caisses; on le consolide avec la colle et les chevilles.

175. Assemblages à enfourchement. — Si l'on coupait la pièce B (*fig*. 74) suivant *k l m* ou *l'm'*, l'assemblage à tenon et mortaise deviendrait un assemblage à enfourchement dans lequel les jouées prendraient le nom de *fourchons*. Or, dans ce cas, les joues de la cavité qui doit faire place au tenon peuvent être exécutées à la scie ; il ne reste plus ensuite qu'à couper par le fond, à l'aide d'un ciseau ou d'un bec-d'âne, cette partie ainsi détachée.

L'assemblage à enfourchement ne peut être pratiqué que quand les deux pièces s'assemblent :

1° Au bout l'une de l'autre et dans la même direction comme les deux parties (F, F') (B, B') (*fig*. 72), [*élévation et plan 2*].

2° Au bout l'une de l'autre et dans des directions différentes telle que l'assemblage de la traverse A et du battant B (*fig*. 75-*perspective*) d'une parclose de phaéton. Ces mêmes pièces sont représentées à gauche en élévation géométrale. On fait tomber, avant l'assemblage, afin de ne pas faire un travail inutile, l'angle en dehors de *a b*; tout le bois en dehors de la courbe devant être enlevé quand l'assemblage est consolidé.

Les pièces B, C, D, E (*fig.* 73) sont assemblées à enfourchement, excepté l'assemblage de la pièce E dans la pièce B, qui est à tenon et mortaise. Ces assemblages étant consolidés par le panneau que l'on colle sur toute la surface, il n'est pas nécessaire de faire traverser les tenons. Les sections 1 et 3 sont les coupes respectives faites suivant *d e* et *f g*.

Beaucoup de menuisiers assemblent encore le pied de coquille (G,G' *fig.* 72, *élévation et plan* 2) avec le brancard (F,F') comme cet assemblage est représenté en (*e, e'*). Il est préférable que le pied de coquille soit d'une seule pièce avec le brancard, ou, dans le cas où celui-ci descendrait trop bas, on fait un assemblage sous le panneau, au milieu du passage de roues, comme il est représenté sur la figure et non en (*e,e'*), car ici le boulon qui relie le lisoir de l'avant-train au coffre brise souvent cet assemblage.

176. Assemblage à clef. — Quand deux pièces A et B (*fig.* 77), de directions différentes viennent s'assembler dans un angle arrondi *a b*, il est souvent difficile de former le tenon dans l'une des deux pièces, attendu que les fibres se trouveraient contre-taillées. Alors on rapporte un faux tenon *c d* que l'on nomme *clef*. On ne fait guère usage de cet assemblage que pour la ceinture des siéges à rotonde, de tilburys ou de phaétons. Encore est-il préférable, pour ces pièces, d'employer du bois cintré à la vapeur.

On fait arriver les épaulements des assemblages à enfourchement ou à clef, à l'aide de chevilles à tirer dont il sera fait mention plus loin. On consolide ces assemblages uniquement avec de la colle forte. Lorsque les épaulements sont arrivés à leur place, on presse fortement les fourchons et le tenon avec des happes, espèces de petites presses à main, de façon à les marier ensemble, au moyen de la colle, au point qu'il ne soit plus possible de les désunir. Quand la colle est sèche, on enlève les chevilles à tirer que l'on remplace par des chevilles en bois consolidées avec de la colle.

Les assemblages à enfourchement ainsi consolidés offrent cet avantage que l'on peut ensuite les entamer pour donner aux pièces la forme définitive qu'elles doivent avoir, sans que l'on aperçoive de joint entre le tenon et les fourchons.

177. Assemblage à plat. — Les pièces, dans cet assemblage, ne se pénètrent pas ; la surface suivant laquelle elles se touchent est une surface plane. La courbe A et le montant B d'un cerceau de capote (*fig.* 76) sont ainsi assemblés avec l'oreille C. On consolide d'abord cet assemblage, lorsqu'il s'agit comme ici d'un cerceau de capote, avec de la colle et des pointes à tête d'homme. Lorsque la colle est sèche, on chasse les pointes dans le bois de manière à affleurer les parties et donner au cerceau, à l'endroit de l'assemblage, la forme qu'il doit avoir. Ensuite on enfonce, à l'extrémité des joints *a* et *b* et à chacun, trois pointes à tête plate pour les consolider.

Nous indiquons cette manière de procéder non pas comme une méthode qu'il faille suivre absolument, mais simplement comme un moyen pratique.

On a fait usage de l'assemblage à plat pour les brancards dont la courbe serpente. La forme de ces brancards a été abandonnée ; mais, comme on peut y revenir, nous représentons ici l'un de ces assemblages.

La figure 80 représente les deux parties d'un brancard, comme on les faisait aux clarences il y a quelques années.

Ces pièces sont ajustées suivant deux surfaces planes *a b* et *a c*. La partie *a c*, qui forme le talon de l'assemblage, doit avoir toute la largeur de la moulure. On consolide cet assemblage avec de la colle forte et quatre vis à bois, dont deux en dessus et deux dessous.

178. Assemblage à tenon et joue. — Les menuisiers en voitures désignent sous le nom de *joues* des fourchons (*a, a'*), (*b, b'*) (*fig.* 81) formant, à l'extrémité d'une pièce (A, A'), un deuxième tenon dont l'objet est de donner une grande solidité à l'assemblage. Quand la pièce a une épaisseur suffisante comme l'accotoir (A, A'), qui a 0ᵐ.40 au moins, on donne aux joues toute l'épaisseur du panneau et de la moulure. Il reste encore en dedans de la joue 0ᵐ.25 d'épaisseur, qui peut être répartie comme suit : 10 millimètres pour l'enfourchement entre le tenon et la joue ; 8 millimètres pour le tenon et 7 millimètres pour l'épaulement en dedans.

Il suit de là qu'en élégissant le pied (B' B₁), et le brancard (C' C₁), pour l'emplacement du panneau E, on élégit en même temps, et à la même profondeur, l'emplacement des joues.

Quant, au contraire, la pièce est d'une faible épaisseur, comme la traverse (D, D') d'un dossier, qui a environ 30 millimètres, on donne ordinairement aux joues (*d, d'*) l'épaisseur de la moulure seulement, soit 0ᵐ.008.

Sous le rapport de la solidité, le tenon remplit un rôle fort secondaire dans les assemblages à joues, comme ceux que nous venons de décrire. Il sert en quelque sorte à diriger la joue à la place qu'elle doit occuper ; aussi, bien qu'il soit exécuté parallèlement à celle-ci, il importe de percer sa mortaise un peu obliquement et de façon à faire presser la joue sur son emplacement.

Les deux assemblages décrits plus haut s'appliquent particulièrement à des pièces qui forment le cadre d'un panneau, ou d'une partie élégie au même ravalement. Partout ailleurs l'épaisseur des joues est indifférente. Ainsi la joue (*a, a'*) d'une traverse d'écartement (*fig.* 83) qui assemble deux pieds d'entrée de porte, peut avoir 5, 6, 7 à 8 millimètres d'épaisseur.

Ici il y a un enfourchement de pratiqué à l'extrémité de la traverse, dans lequel vient pénétrer la jouée du pied.

Beaucoup de menuisiers consolident les assemblages à joues apparentes à l'extérieur des caisses, comme ceux qui sont représentés (*fig.* 81), à l'aide de colle et de clous. Nous conseillons de ne pas employer de clous ; la colle doit suffire quand les assemblages sont faits et collés avec soin. Dans le cas seulement où la voiture serait exposée souvent à l'humidité, on les consolide avec des vis à bois.

179. Joues embrevées. — Lorsque les joues sont élégies de l'épaisseur d'une moulure, on embrève le bout de la partie qui reste sous la moulure de la pièce avec laquelle elle vient s'assembler. Les traverses de portes et de baie qui forment appui de glace sont presque toutes dans ce cas : les listels qui entourent le cadre des glaces étant élégis à la profondeur d'une moulure. Pour en donner un exemple, nous représentons (*fig.* 82) l'assemblage d'une traverse (A, A'), qui forme la frise et l'appui de glace d'une porte de coupé ou de landau, avec le battant (B, B') de la porte. La joue (a, a') est embrevée sous la moulure (b, b') dans toute la largeur de la partie élégie.

Dans la combinaison des assemblages, on cherche à réduire autant que possible la longueur apparente des joints. Or les joues embrevées, outre qu'elles servent à consolider l'assemblage, sont surtout employées pour diminuer la longueur des joints apparents. La figure 82 nous en donne un exemple : si la traverse A' n'avait pas de joue, le joint de l'assemblage du listel de cette traverse avec le listel du battant B' serait apparent suivant c' d' et dans toute sa hauteur ; tandis que, avec la joue embrevée sous la moulure, le joint des deux listels est apparent seulement de c' en c'.

180. Assemblage des panneaux en rainures. — On assemble ainsi presque tous les panneaux, qui forment le pourtour de la partie inférieure des caisses. Les pièces qui composent le bâti dans lequel le panneau est assemblé peuvent être préparées, suivant la position qu'elles occupent, de trois manières différentes, comme les trois pièces A', B', C' (*fig.* 81) nous en donnent un exemple. Au pied d'entrée B' le bois est enlevé totalement pour l'emplacement du panneau ; au brancard C' le bois est enlevé en partie, il reste la moulure dans laquelle on pratique la rainure ; enfin, à l'accotoir A' il y a seulement une rainure de pratiquée pour recevoir le panneau.

Le profil des moulures de l'accotoir et du brancard sont représentés en a_1 et c_1 et celui du panneau suivant 1 2.

181. Assemblage en feuillures. — On assemble ainsi par les bouts toutes les voliges, presque toutes les traverses et tous les panneaux qui composent le fond des caisses. Les panneaux de custodes des berlines, coupés, clarences, sont ainsi assemblés par les bouts sur les accotoirs et par le côté sur les pieds d'entrée de porte ; les doublures qui garantissent les glaces de porte ou de baie sont assemblées en feuillures dans les montants et les traverses du bas.

On forme les feuillures un peu moins profondes que l'épaisseur des voliges ou des panneaux qui viennent s'y assembler afin que, quand ces pièces sont clouées dans leur feuillures, il reste assez de bois pour affleurer toute la surface extérieure.

La figure 82 montre comment la feuillure est pratiquée dans le battant de porte B pour recevoir la doublure E, que l'on arrête avec des pointes p.

182. Assemblage à trait de Jupiter. — Le trait de Jupiter est une espèce d'assemblage à mi-bois que l'on emploie pour réunir deux pièces au bout l'une de l'autre. On prépare les entailles, comme le montre la figure 84, de façon que la partie saillante de chaque pièce forme un mentonnet de $0^m.10$ d'épaisseur environ ; on laisse entre les mentonnets la place d'une clef, que l'on enfonce avec force pour faire arriver les joints des bouts. On consolide cet assemblage avec de la colle et quelquefois aussi des vis à bois.

Nous représentons ici, *plan 1* et *plan 2*, deux dispositions pour cet assemblage ; celle du plan 2 est la plus difficile à exécuter par la raison : 1° que l'on ne peut tracer le parement des joints au trousquin ; 2° que les fibres sont contre-taillées ; mais, en revanche, l'assemblage est plus solide que celui du plan 1.

On dirige les joints a b, c d et la clef e f, autant que possible suivant des normales à la courbe.

On faisait usage de cet assemblage pour les brancards de clarence, avant que l'on fit descendre les portes jusqu'en bas de ceux-ci.

CHAPITRE IV

DIMENSIONS USUELLES DES VOITURES

183. Les voitures de luxe étant destinées au transport des personnes, les dimensions des caisses sont basées principalement sur l'emplacement qu'il faut réserver à chacune. Quelques parties aussi de la caisse doivent avoir les dimensions et les dispositions nécessaires pour recevoir le train et les autres accessoires. Il s'ensuit que la composition d'une caisse exige, de l'artiste qui en exécute le plan et en dirige la construction, sinon une connaissance approfondie des autres corps d'état qui concourent avec le sien à la construction des voitures, du moins les notions suffisantes pour diriger son travail suivant les règles de l'art.

Il est bien entendu que nous nous plaçons ici au point de vue de l'état actuel dans lequel s'exerce l'industrie de la carrosserie; et non au point de vue d'une direction rationnelle, comme en architecture, où la composition générale est élaborée par celui qui dirige la construction. Il existe actuellement, il est vrai, dans la carrosserie, des maisons où les voitures sont entièrement construites sous une même direction, mais le plus grand nombre est encore construit sous des directions différentes.

Du reste, les éléments que nous exposons ici pourront servir de guide dans les deux cas. Ces éléments sont : 1° les dimensions usuelles des caisses pour l'emplacement des personnes ; 2° les dimensions des trains ; 3° des notions sur la traction, la rotation des avant-trains et la suspension.

184. Dimensions usuelles des caisses. — Un carrossier qui fabrique des voitures à l'avance leur donne des dimensions de façon qu'elles puissent convenir, dans leur genre, au plus grand nombre possible de consommateurs. Or les voitures qui répondent parfaitement à ce point de vue sont construites suivant ce que nous désignons ici sous le nom de *dimensions usuelles*.

Les dimensions usuelles, telles que nous l'entendons, n'ont rien d'absolu; elles peuvent varier sensiblement selon le goût de l'époque, la mode du jour, les besoins des localités, la différence des fortunes... Il y a trente ans, on donnait aux caisses de coupé, à Paris, 1ᵐ15 à 1ᵐ20 de longueur à hauteur de ceinture. C'est une bonne dimension pour que les personnes y soient sinon très-confortablement, du moins suffisamment à l'aise. La mode seule a fait réduire cette dimension. Les coupés fabriqués à Paris depuis quinze ans mesurent en moyenne 1ᵐ05 à 1ᵐ10 au même endroit.

Depuis 1860, on a fabriqué un nombre considérable de petites voitures en osier, pour être généralement traînées par de petits chevaux connus sous le nom de poneys, et dont la taille varie de 1 mètre à 1ᵐ40. Ces petites voitures ont leurs dimensions réduites aux dernières limites.

Dans les pays montagneux, et surtout où les chevaux sont de petite taille, on construit les voitures en des dimensions très-réduites. Les petites voitures sont recherchées aussi par les petites fortunes qui attellent avec un seul cheval, souvent de moyenne taille, une voiture de cinq, six et même huit places. En Russie, notamment à Saint-Pétersbourg et Moscou, les voitures ont, au contraire, de grandes dimensions, parce que les personnes, en hiver, sont recouvertes de manteaux qui exigent un grand emplacement. En outre les voitures, même à deux places, sont toujours attelées de deux chevaux, selon l'usage adopté en tout pays par les grandes fortunes.

Les voitures que l'on construit à Paris pour l'Amérique du Sud ont aussi des dimensions très-grandes, commandées, dit-on, par l'ampleur de la toilette des dames.

Enfin une mode passagère dans la toilette suffit quelquefois pour faire varier certaines dimensions. Depuis 1867, époque à laquelle les hommes ont adopté les chapeaux à formes basses, on a réduit la hauteur des caisses de quelques centimètres.

On comprendra facilement qu'un traité sur la menuiserie en voiture ne peut avoir la prétention de prévoir tous les cas qui peuvent se présenter. Nous devons nous borner ici à indiquer, pour chaque genre de voiture, les dimensions les plus usuelles qui ont été consacrées par le temps et l'expérience dans un lieu donné, afin qu'elles puissent servir non pas de règles absolues, mais seulement de données approximatives dans la pratique.

Nous mentionnons d'abord les dimensions qui sont fixées en France par les lois sur les messageries pour les voitures destinées, dans un service public, au transport des personnes, et ensuite les dimensions généralement adoptées pour les voitures de luxe à l'usage des particuliers. Nous indiquerons séparément chacune des trois dimensions : *largeur, profondeur, hauteur.*

Largeur réservée pour l'emplacement d'une personne. — Par largeur, on entend la dimension mesurée dans le sens de la longueur des siéges ou banquettes. Par exemple, si l'on donnait 0^m50 d'emplacement en largeur pour une personne, il faudrait qu'une banquette eût 2^m50 de longueur, mesure prise sur la banquette même ou à hauteur de ceinture, selon les conventions, pour recevoir cinq personnes.

L'article 23 de la loi du 10 août 1852, actuellement en vigueur sur les messageries, fixe ainsi cette dimension :

« Largeur moyenne des places 0^m48.

« Pour les voitures parcourant moins de vingt kilomètres, et pour les banquettes à plus de trois places, la largeur moyenne des places pourra être réduite à quarante centimètres. »

La loi ne dit point si c'est au minimum, mais il faut l'interpréter ainsi. Il n'est point fait mention non plus de l'endroit où la mesure doit être prise, soit sur le bord des banquettes, soit à hauteur de ceinture; dans ce cas, l'on interprète toujours la loi dans un sens favorable au fabricant en mesurant à hauteur de ceinture si la dimension demandée ne se trouve pas sur la banquette.

Un arrêté du préfet de police de Paris, en date du 7 juillet 1855, indique comme suit la dimension en largeur pour les omnibus.

« Espace réservé à chaque voyageur 0^m45 au minimum, mesure prise en dedans à la hauteur et sur le bord des banquettes. » Dans ce cas, il se trouve environ 0^m46 pour chaque voyageur à hauteur de ceinture.

Les wagons de deuxième et troisième classe, dont les banquettes sont à cinq places, ont à hauteur de ceinture 2^m60 de largeur. Les bâtis ayant à cette hauteur 0^m07 chaque côté, il reste un emplacement de 2^m46 soit 0^m492 pour chaque voyageur.

Les wagons de première classe étant à quatre places dans la même largeur de caisse, il y a pour chaque voyageur un emplacement de 0^m615.

Tout le monde voyage en chemin de fer, et chacun est à même d'apprécier la commodité des voyageurs. On sait que l'emplacement est très-juste quand une banquette est occupée par cinq grandes personnes. On sait de même que l'emplacement est très-confortable dans les wagons de première classe.

Si maintenant nous passons aux voitures de luxe des particuliers, dont les dimensions sont facultatives, mais limitées néanmoins par la nature même d'un objet à transporter, nous trouvons que l'on donne généralement, pour toutes voitures à deux et quatre places, telles que cabriolets, coupés, calèches, landaus, berlines..., dont chaque siége est à deux places, un emplacement en largeur pour chaque personne de 0^m55 environ, mesure prise en dedans, à hauteur de ceinture.

Dans les voitures dites de famille, à six ou huit places, dont trois ou quatre sur chaque banquette, genre char-à-bancs, wagonnettes, omnibus, break-omnibus..., on donne seulement 0^m50 environ pour chaque place, par la raison que toutes les places sont rarement occupées, et, quand elles le sont, il s'y trouve presque toujours des enfants ou de jeunes personnes (1).

Mais beaucoup de consommateurs indiquent, pour les omnibus par exemple, cette donnée : à quatre grandes places d'intérieur et à six petites au besoin, ou à six grandes places et huit petites. Or le plus petit emplacement que l'on puisse donner en largeur est 0^m40 pour chaque personne. Un omnibus à quatre grandes places et six petites doit avoir une longueur minimum de 1^m20 à l'intérieur à hauteur de ceinture, et 1^m60 pour ceux à six grandes places et huit petites.

Les données qui précèdent sont tirées des résultats de l'expérience et d'une longue pratique. Voici sensiblement l'usage que l'on en peut faire en prenant comme terme de comparaison quatre dimensions graduées de cinq en cinq centimètres, par exemple 40, 45, 50 et 55 centimètres en mesurant en dedans à hauteur de ceinture.

L'emplacement de 0^m40 ne peut être admis que pour les siéges à trois et quatre places au moins, dans le cas où toutes les places sont rarement occupées, ou si elles le sont qu'il s'y trouve des jeunes personnes ou des enfants.

L'emplacement de 0^m45 est encore étroit, il peut convenir pour les banquettes à trois places et au-dessus, mais il suffit rigoureusement pour de grandes personnes, lorsque la voiture ne parcourt pas de grandes distances. C'est à un centimètre près l'emplacement réservé pour chaque voyageur dans les omnibus de la Compagnie générale des omnibus de Paris.

L'emplacement de 0^m50 est déjà aisé, c'est une dimension moyenne supérieure à celle qui est fixée par les règlements sur les messageries; à l'exception des wagons de pre-

---

(1) Un enfant de huit à dix ans occupe environ les deux tiers de l'emplacement d'une grande personne. Quand on construit des voitures spécialement pour des enfants de cet âge, on réduit toutes les pièces d'un tiers en tout sens, par rapport aux voitures de dimensions ordinaires, et de deux cinquièmes pour les voitures traînées par des chèvres et destinées aux enfants au-dessous de huit ans.

mière classe, nous l'adoptons pour les omnibus bourgeois.

Enfin l'emplacement de 0^m55 est confortable; c'est la dimension généralement adoptée pour le siége principal des voitures de luxe.

Dans les voitures découvertes où l'on a la faculté de placer les coudes en dehors de la voiture, on peut réduire l'emplacement pour chaque personne placée au bout du siége. Le siége du cocher, qui, dans beaucoup de voitures est à deux places, n'a ordinairement que 0^m80 à 0^m85 de longueur.

Dimension en hauteur. — L'article 23 précité, de la loi du 10 août 1852, fixe ainsi cette dimension :

« Hauteur du pavillon au-dessus du fond de la voiture 1^m40.

« Hauteur des banquettes y compris le coussin 0^m40. »

Mais pour la première dimension il n'est point dit si c'est sur le côté où au milieu du pavillon qu'elle doit être prise. Comme elle est faible ce doit être sur le côté en dedans de la voiture.

L'arrêté du préfet de police de Paris, en date du 14 janvier 1858, indique cette dimension comme suit :

« Hauteur de la caisse, mesurée du fond de la cave à l'impériale, 1^m46 (pour les coupés et berlines).

« Hauteur de la caisse, mesurée du fond de la cave au cerceau du milieu, 1^m48 (pour les cabriolets).

« Hauteur de la caisse, mesurée du fond de la cave à la hauteur de la parclose, 0^m36 (maximum). »

Cette hauteur est portée à 0^m35 pour les omnibus. (Arrêté du 7 juillet 1855.)

Les voitures des chemins de fer ont les banquettes inclinées en arrière ; voici les hauteurs données aux wagons du chemin de fer de l'Ouest, mesures prises du dessus du fond au-dessus des banquettes.

Première classe, en avant, 0^m295 ; en arrière, 0^m257 ; Deuxième classe, en avant, 0^m360 ; en arrière, 0^m335 ; Troisième classe, en avant, 0^m420 ; en arrière, 0^m400.

Les banquettes de troisième classe n'ont pas de coussins.

Les wagons de première classe étant très-grands, on a toute facilité pour allonger les jambes : c'est ce qui explique le peu de hauteur donnée aux banquettes.

La hauteur des parcloses dans les voitures de luxe est soumise à des considérations de forme qui la font varier pour chaque type. Les caisses de cabriolets étant généralement très-basses, mais en revanche très-longues, ce qui donne toute facilité pour allonger les jambes, ont les parcloses peu élevées : 0^m250 environ au-dessus du fond. Tandis que les phaétons, les dog-carts, les breaks de chasse... ont les parcloses élevées de 0^m350 à 0^m400.

La hauteur mesurée du dessus des siéges ou parcloses au-dessous du pavillon ou du cerceau est sensiblement la même pour toutes les voitures de luxe ; cette hauteur étant toujours calculée pour qu'un homme puisse s'y placer,

assis, avec son chapeau sur la tête, il faut au minimum 1^m060 mesure prise sur le côté de la voiture, ce qui donne environ 1^m100 au milieu.

Dimensions en profondeur. — L'article 24 de la loi du 10 août 1852 fixe ainsi cette dimension :

Largeur des banquettes. . . . . 0^m450.
Distance entre deux banquettes . . . . . 0^m450.
Distance entre la banquette du coupé et le devant de la voiture. . . . . 0^m350.

L'arrêté du préfet de police de Paris, en date du 7 juillet 1855, fixe aussi à 1^m350 la distance comprenant la largeur des deux banquettes et l'espace réservé entre, mais avec faculté de réduire à 0^m350 la profondeur des banquettes.

Les wagons de deuxième classe du chemin de fer de l'Ouest ont les dimensions suivantes :

Distance comprenant la largeur des deux banquettes et l'espace réservé entre. . . . . . 1^m635.
Distance entre les deux banquettes . . . . 0^m500.

Dans les voitures de luxe, les dimensions en profondeur varient considérablement de la petite à la grande voiture. On construit des wagonnettes, des breaks omnibus dont la distance comprenant la largeur des banquettes et l'espace réservé entre, descend jusqu'à 1^m150 pour les voitures découvertes. Les banquettes à ces sortes de voitures sont ordinairement assez élevées, c'est ce qui permet d'en diminuer la profondeur.

Il existe plusieurs genres de voitures tels que cabriolet, calèche, landau, dont les dimensions en profondeur ne sont pas ordinairement mesurées à hauteur des banquettes ou parcloses. A ces sortes de modèles on mesure ordinairement la caisse à hauteur de ceinture.

Nous bornons là les indications générales relatives aux dimensions réservées pour l'emplacement des personnes. En publiant chaque type nous reviendrons sur ces données pour démontrer, avec plus de précision, l'usage que l'on en peut faire.

185. Dimensions des trains. — Les trains de voitures se composent essentiellement de trois organes :

1° L'organe de roulement ou de rotation, comprenant les roues et les essieux ;

2° L'organe de suspension, comprenant les ressorts et les soupentes ;

3° L'organe de rotation de l'avant-train, comprenant ordinairement une pièce-circulaire que l'on nomme *rond* avec axe au centre appelé *cheville ouvrière*.

Les dimensions des différentes pièces du train sont généralement basées sur les dimensions de la caisse ; mais, dans l'arrangement des diverses parties d'une voiture, on peut faire varier ces dimensions en de certaines limites. Cependant, et comme point de départ d'une composition générale, il est nécessaire que celui qui dirige la construction d'une voiture connaisse, pour chaque organe du train, qu'elles sont les dimensions les plus favorables pour qu'il fonctionne dans les meilleures conditions possibles. Libre à lui d'adopter ensuite celles qui s'adaptent le mieux à sa composition.

Sans vouloir nous étendre ici sur la construction des pièces du train, qui sera traitée à part dans la troisième partie, il est bon d'indiquer, dès à présent, les résultats des expériences qui ont été faites sur le tirage des voitures, et les remarques que la pratique a constatées sur la suspension ; on en déduira les dimensions principales du train, qu'il est utile de connaître pour la composition de la caisse.

Les expériences que l'on a faites sur le tirage des voitures ont démontré que, sensiblement, l'intensité du tirage est dans le rapport inverse du diamètre des roues. Si, par exemple, des roues de 1 mètre de diamètre donnent 20 kilog. de tirage, des roues de 0^m,80 donneraient dans les mêmes conditions 24 kilog. de tirage. C'est-à-dire qu'en diminuant le diamètre des roues d'un cinquième on augmentera le tirage d'un cinquième environ. On déduit de ces résultats : 1° que l'on diminue le tirage en employant des roues d'un grand diamètre ; 2° que dans les voitures à quatre roues on diminue le tirage en faisant porter le plus de charge possible sur les roues du plus grand diamètre.

D'après les remarques faites sur la suspension, on a constaté : 1° que les ressorts longs donnent une meilleure suspension que les ressorts courts; 2° qu'il importe d'éloigner le plus possible les points d'application des ressorts : dans le sens de la largeur de la voiture afin de diminuer le *roulis* sur les côtés ; dans le sens de la longueur, en éloignant les trains, pour amoindrir le mouvement de *tangage*.

Voici maintenant les dimensions des trains pour les voitures publiques, fixées par le décret du 10 août 1852.

ARTICLE PREMIER. — Les essieux de voitures ne pourront avoir plus de deux mètres cinquante centimètres (2^m 50) de longueur, ni dépasser à leurs extrémités le moyeu de plus de six centimètres (0^{m}06).

La saillie des moyeux, y compris celle de l'essieu, n'excédera pas plus de douze centimètres (0^{m}12), le plan passant par le bord extérieur des bandes ; il est accordé une tolérance de deux centimètres (0^{m}02) sur cette saillie, pour les roues qui ont déjà fait un certain service.

ART. 20. — La largeur de la voie pour les voitures publiques est fixée au minimum à un mètre soixante-cinq centimètres (1^m 65) entre le milieu des jantes de la partie des roues reposant sur le sol.

Toutefois, si les voitures sont à quatre roues, la voie de devant pourra être réduite à un mètre cinquante-cinq centimètres (1^{m}55).

En pays de montagnes, les entrepreneurs peuvent être autorisés par les préfets, sur l'avis des ingénieurs et des agents-voyers, à employer des largeurs de voies moindres que celles réglées par les paragraphes précédents, mais à condition que les voies seront au moins égales à la voie la plus large des voitures en usage dans la contrée.

ART. 21. — La distance entre les deux axes des essieux, dans les voitures publiques à quatre roues, sera égale au moins à la moitié de la longueur des caisses mesurées à hauteur de leur ceinture, sans pouvoir néanmoins descendre au-dessous d'un mètre cinquante-cinq centimètres (1^{m}55).

ART. 22. — Le maximum de la hauteur des voitures publiques, depuis le sol jusqu'à la partie la plus élevée du chargement, est fixé à trois mètres (3 m.) pour les voitures à quatre roues, et à deux mètres soixante centimètres (2^{m}60) pour les voitures à deux roues.

Il est accordé, pour les voitures à quatre roues, une augmentation de dix centimètres (0^{m}10), si elles sont pourvues à l'avant-train de sassoires et contre-sassoires formant chacune au moins un demi-cercle d'un mètre quinze centimètres (1^{m}15) de diamètre, ayant la cheville ouvrière pour centre.

Lorsque, par application du troisième paragraphe de l'art. 20, on autorisera une réduction dans la largeur de la voie, le rapport de la hauteur de la voiture avec la largeur de la voie sera, au maximun, d'un trois quarts (1).

ART. 24. — Il peut être placé sur l'impériale une banquette destinée au conducteur et à deux voyageurs, ou à trois voyageurs lorsque le conducteur se placera sur le même siège que le cocher.

Cette banquette, dont la hauteur, y compris le coussin, ne dépassera pas trente centimètres (0^{m}30) ne peut être recouverte que d'une capote flexible.

Aucun paquet ne peut être chargé sur cette banquette.

ART. 25. — Le coupé et l'intérieur auront une portière de chaque côté. La caisse de derrière ou la rotonde peut n'avoir qu'une portière ouverte à l'arrière. Chaque portière sera garnie d'un marchepied.

Art. 26. — Les essieux seront en fer corroyé, de bonne qualité, et arrêtés à chaque extrémité, soit par un écrou assujetti au moyen d'une clavette, soit par une boîte à huile, fixée par quatre boulons traversant la longueur du moyeu, soit par tout autre système qui serait approuvé par le ministre des travaux publics.

ART. 27. — Toute voiture publique doit être munie d'une machine à enrayer agissant sur les roues de derrière et disposée de manière à pouvoir être manœuvrée de la place assignée au conducteur.

Les voitures doivent être en outre pourvues d'un sabot et d'une chaîne d'enrayage, que le conducteur placera à chaque descente rapide.

Les préfets peuvent dispenser de l'emploi de ces appareils les voitures qui parcourent uniquement des pays de plaine.

(1) Pour l'article 23 voir les dimensions de la caisse.

Art. 28. — Pendant la nuit, les voitures publiques seront éclairées par une lanterne à réflecteur placée à droite et à l'avant de la voiture.

Art. 41. — Les voitures publiques qui desservent les routes des pays voisins et qui partent des villes frontières ou qui y arrivent ne sont pas soumises aux règles ci-dessus prescrites. Elles doivent, toutefois, être solidement construites.

Remarques. — Les dimensions fixées par le décret du 10 août 1852 (et d'après lesquelles doivent être construites les voitures de messagerie destinées au transport des personnes) ont été, en grande partie, empruntées à l'ordonnance du 16 juillet 1826, époque où les chemins de fer n'étaient pas connus. Depuis, les moyens de transport se sont considérablement modifiés. Les diligences, auxquelles s'appliquaient surtout ces dimensions, et qui parcouraient alors 800 à 1,000 kilomètres, ont disparu presque toutes. Le service des messageries au moyen des voitures ne s'applique actuellement qu'à de petites distances et se fait dans des conditions tout autres. Ainsi il existe dans les grandes villes des coupés de louage à 3 et 4 places, avec galerie sur l'impériale pour y mettre des bagages, qui y sont employés à un service de messagerie, mais que l'on ne pourrait assimiler, pour les dimensions, aux anciennes diligences. Cependant comme le décret du 10 août 1852 n'a point été abrogé, les fabricants qui voudraient construire des voitures de messagerie pour un service public, avec des dimensions autres que celles qui sont fixées dans les articles précités, feront bien de se faire autoriser à l'avance par la préfecture de leur département.

ÉTYMOLOGIES

186. — C'est aux ouvrages spéciaux qu'il appartient surtout de fixer exactement la valeur et l'étendue des noms donnés aux sujets qu'ils traitent, et d'en expliquer l'origine quand cela est possible. Nous disons — quand cela est possible — car parmi les noms donnés aux objets il y en a dont l'origine se perd dans la nuit des temps.

Le mot *char*, par exemple, est du nombre. Les archéologues nous disent bien que la création des *chars* remonte à la plus haute antiquité, que l'on s'en servait à la guerre, à la chasse, aux courses, dans les jeux publics, chez les Indiens, les Égyptiens, les Grecs, il y a plus de trente siècles ; mais ce que l'on ne dit point, c'est le jour et le lieu où ce véhicule a été créé, et pourquoi on l'a nommé *char*.

On est un peu mieux renseigné à l'égard des objets dont la création est moderne sur l'origine des noms qui leur ont été donnés. Parmi ces noms il y en a de bien appropriés à l'usage de la chose, mais il en est un grand nombre aussi qui n'ont aucune signification, parce qu'ils n'ont nul rapport ni à l'origine, ni à l'usage de l'objet auquel on les applique. Ce sont des épithètes dues au hasard, à la mode, à la fantaisie. Citons quelques exemples,

On a donné dès l'origine le nom d'*omnibus* à une voiture de louage en commun, bien connue de tout le monde. Ce mot latin qui signifie *à tous* et *pour tous*, est parfaitement approprié à l'usage de la voiture qu'il spécifie. C'est là une appellation véritablement scientifique. Mais on a nommé *fiacre* les premières voitures de louage pour les particuliers, parce que ces voitures étaient remisées dans un local à la porte duquel pendait l'image de saint *Fiacre*. Si, à la place de saint Fiacre il y eût eu saint Chrysostome, l'épithète aurait évidemment changé en faveur de ce dernier. Voilà une dénomination due au hasard et qui ne spécifie rien. Quoi qu'il en soit, on comprend sous le nom de *fiacre* toutes sortes de voitures de louage, pour les particuliers, que l'on trouve sur les places publiques.

Plusieurs noms de voiture ont disparu de notre langue comme une mode sans que l'on sache pourquoi ; d'autres les ont remplacés sans que l'on puisse non plus en expliquer la raison.

Les noms de *chars*, *carrosses*, *coches* ne sont plus usités en France, bien que l'on ait conservé leurs dérivés : *charron*, *carrossier*, *cocher*. (On dit encore : *char funèbre*, *char-à-bancs*.) On substitue à ces appellations des noms de localité : *berlines*, *landaus*, *américaines*, *lilloises :* ou d'individus : *clarence, brougham prince-Albert*. Nous devons l'origine de ces derniers aux carrossiers anglais qui ont l'habitude de donner, à tout produit nouveau, le nom du consommateur qui le premier en fait usage, surtout quand le nom peut favoriser la chose.

Nous n'entreprendrons pas ici de déchiffrer ni de justifier les noms qui ont été donnés aux voitures. Nous essayerons seulement d'indiquer leur origine quand cela nous sera possible, et de les spécifier sous l'acception qui leur est actuellement donnée.

DESCRIPTION D'UN PHAÉTON

Pl. XVII.

187. Étymologie. — Au siècle dernier, d'après ce que rapporte Roubo, on donnait le nom de *phaéton* à une sorte de voiture à trois bancs dont le corps de la caisse était relevé de l'avant à l'arrière en forme d'amphithéâtre. Les bancs étaient gradués de telle façon que les personnes du deuxième rang pussent voir au-dessus de la tête de celles du premier, et celles du troisième, au-dessus de la tête de celles du deuxième. Le *char* du bœuf gras, bien connu à Paris, peut donner une idée de cette forme. Le nom de *phaéton* avait-il été donné à cette voiture à cause de sa ressemblance avec le *char* que conduisit le personnage de la fable ainsi nommé? Nous laissons aux archéologues le soin de déchiffrer cette énigme.

De nos jours on désigne sous le nom de *phaéton* un genre de voiture dont la caisse se compose : 1° d'un coffre carré dont toutes les faces sont planes ; 2° d'un siége en avant ordinairement à rotonde, c'est-à-dire arrondi en arrière sur les angles, et muni en avant d'un pied d'entrée à chaque côté, qui descend jusque dans le bas du coffre, 3° d'un siége de domestique placé sur l'arrière du coffre.

Il semble que l'on a donné le nom de *phaéton* à ce genre de voiture par métonymie en prenant le conducteur pour la chose conduite, et par allusion au personnage de la fable, fils du *Soleil* et de *Clymène*, nommé *Phaéton*. Ce jeune téméraire ayant, par ruse, obtenu de son père l'autorisation de conduire, pendant un jour, le char du Soleil, ne sut pas diriger ses impétueux coursiers qui, se détournant de la route céleste, menaçaient le ciel et la terre d'un embrasement général. Jupiter, pour prévenir le bouleverse-ment de l'univers, renversa *Phaéton* de son siége et le précipita dans l'Éridan.

Or, comme ce sont souvent de jeunes élégants qui conduisent la voiture dont nous faisons la description, qu'ils marchent toujours à grande vitesse, n'ayant égard ni à l'élévation de la charge ni au rapprochement des trains, il leur arrive quelquefois, quand ils rencontrent un obstacle ou quand ils tournent brusquement, ce qui arriva au *fils du Soleil*; et l'allusion ici est très-bien appropriée à l'objet.

Usages. — La forme, la légèreté du *phaéton* le rendent propre à divers usages. C'est par excellence la voiture des commerçants et des industriels qui sont obligés de faire rapidement leurs courses. Le maître conduit ordinairement lui-même, aussi règle-t-il la vitesse en raison de ses impressions ou de ses besoins. Dans les villes il emmène toujours un domestique ou un aide qu'il place à côté de lui, et auquel il confie les guides pendant son absence.

Outre la facilité de conduire du siége à rotonde, à cause de son élévation, le corps de la caisse est assez spacieux pour servir de magasin aux colis et aux échantillons de marchandises que l'on veut emporter avec soi.

Le type de la planche XVII a reçu le nom de *phaéton d'épicier* à cause des portes pratiquées sur les côtés de la caisse, et par opposition au phaéton de maître qui n'a pas de portes sur les côtés. Le premier est disposé pour un commerçant qui utilise encore cette voiture pour conduire sa famille le dimanche. Ce jour-là on transporte le siége du devant à l'arrière, et *vice-versa*. C'est alors sur le siége de l'arrière que se placent les dames, en montant entre les deux trains et en passant par les portes qui sont pratiquées sur les côtés de la caisse. Le second, le *phaéton de maître*, n'ayant pas de portes sur les côtés, a ses siéges fixes. Celui du devant affecte différentes dispositions : il est *à jour* quand la parclose est assemblée avec la ceinture au moyen de balustres ou de fils de fer ; *plein* quand un panneau remplace les balustres. Tout siége à rotonde muni d'une capote fixe ou mobile doit être à panneau ; à balustre il ne serait pas assez solide.

Nous avons encore le *phaéton* de grande maison, toujours attelé de deux chevaux, qu'il soit avec ou sans flèche.

DIMENSIONS.

Le phaéton de la planche XVII a des dimensions assez confortables pour l'usage auquel on le destine ordinairement. Il doit être traîné par un cheval de 1^m550 à 1^m600 de hauteur. Si, comme point de comparaison, nous prenons la hauteur du coffre, celui-ci a 0^m330 ; on donne actuellement au grand phaéton à deux chevaux une hauteur de coffre de 0^m350 à 0^m400 et aux petits phaétons avec siége à balustres de 0^m300 à 0^m320.

Dimensions de la caisse. — La largeur du siége de devant, mesuré intérieurement sur la parclose, de b_1 en b_{11} *(fig.* 87) est de 0^m950, ce qui donne en a_1 a_{11}, à hauteur de ceinture, environ 1^m100 en dedans des bâtis, soit 0^m550 pour chaque place.

Quand on relève des dimensions sur un phaéton construit, on prend la largeur extérieure seulement en deux endroits : de a_1 en a_{11} et de c_1 en c_{11} ; la première est de 1^m16 et la seconde 0^m800. Ces deux dimensions suffisent en ce qui concerne la largeur pour reproduire une caisse semblable.

Lorsque les phaétons sont à siéges changeants, il faut que celui de l'arrière soit aussi large que celui de l'avant, afin qu'ils affleurent tous les deux avec le dehors de la caisse en b' *(fig.* 85). Il faut aussi, dans ce cas particulier, que les ferrures qui portent les tiges des lanternes soient fixées sur le coffre et non sous le siége, car il n'est point nécessaire de les transporter en arrière avec le siége du devant.

La profondeur des siéges, mesure prise à l'extérieur, est ici de 0^m500 pour celui de l'avant, mesuré à hauteur de b' ; et de 0^m440 pour celui de l'arrière. Ce dernier, qui est un siége de domestique, n'a ordinairement que 0^m380 à 0^m400 de profondeur, mais il a été fait plus large ici pour dépasser un peu le coffre sur l'arrière.

La hauteur est cotée sur la planche : 0^m360 du dessous au-dessus de la parclose et 1^m150 de la parclose au-dessous du cerceau. Cette dernière dimension est grande pour qu'il soit possible de placer un coussin de guide sur le siége.

Dimensions du train. — Dans cette partie nous indiquons seulement les dimensions des principales pièces du train, nécessaires pour déterminer les passages de roues, les largeurs et longueurs de coffre... afin que le menuisier soit à même de composer une caisse suivant les règles de l'art.

Les dimensions qu'il importe de connaître sont : 1° le diamètre des roues ; elles ont ici 0^m940 devant et 1^m140 derrière ; 2° les largeurs de voie ; la charge étant très-élevée et les trains très-rapprochés, dans un phaéton, il est prudent, pour assurer la stabilité de la voiture, de donner une voie assez large (1). Nous avons fixé cette largeur pour les deux trains à 1^m220, mesure prise de f_1 en f_{11} *(fig.* 87) entre les deux cercles à l'endroit où ils reposent sur le sol ; 3° le devers des roues ; ce devers est sensiblement donné de façon que, quand la voiture se trouve sur un plan horizontal, le rai inférieur, comme celui du bas de l'arrière-train *(fig.* 85), soit dans une position verticale. Pour obtenir ce résultat, il faudrait que l'angle $g_1 f_{11} h_1$ *(fig.* 87), formé par la verticale $g_1 f_{11}$ et le plan du cercle $h_1 f_{11}$, fût égal à l'angle que forment les rais sur l'axe du moyeu.

On a nommé *écuanteur* l'inclinaison plus ou moins grande des rais sur l'axe du moyeu, et l'on dit que les roues sont très-écuées quand cette inclinaison est très-grande. Jusqu'alors l'expérience a démontré, en ce qui concerne les roues de carrosserie, qu'il ne fallait pas exagérer l'écuanteur afin que les rais offrent une plus grande résistance à la pression du cercle. L'angle $g_1 f_{11} h_1$ qui mesure ici le devers de la roue et l'écuanteur à 4 degrés environ ; c'est une ouverture suffisante et qu'il ne faudrait pas dépasser.

(1) On a généralement égard à quatre conditions principales pour fixer les largeurs de voie à toutes voitures de luxe.

1° Quand la voiture doit servir dans certaines localités (très-rares il est vrai, de nos jours), où il existe de mauvais chemins avec ornières, on donne aux voitures la voie du pays. Dans ce cas les dimensions de la caisse sont quelquefois basées sur la largeur de la voie.

2° Dans les phaétons, dog-carts, breaks... où la charge est très-élevée, la largeur de la voie doit être assez grande pour assurer la stabilité de la voiture.

3° Aux landaus, landaulets, calèches, cabriolets... on donne aux roues de l'arrière-train une voie suffisante pour que les compas de capote ou les goujons ne viennent pas toucher aux roues. Ici la largeur de la voie est basée sur la largeur de la caisse. Il en est de même pour les omnibus et certaines voitures du commerce, il faut une distance suffisante entre les roues et la caisse pour que ces parties ne viennent pas se heurter sous l'action des chocs.

4° Aux berlines, clarences, coupés simples ou trois-quarts (où la charge est peu élevée et où il n'y a pas d'accessoire qui dépasse la caisse), bien que la voie de l'arrière-train soit aussi basée sur la largeur de la caisse, si l'on mettait seulement entre les roues et celle-ci une distance suffisante pour que ces parties ne viennent pas se heurter, le goût ne serait pas satisfait ; les roues, dans ces conditions paraîtraient trop rapprochées de la caisse. Ici c'est le goût qui fixe la largeur de la voie.

Au lieu de mesurer les degrés de cet angle, il est plus facile, pour le cas particulier qu'il s'agit, de donner à la distance $g_1 h_1$, par exemple, une longueur proportionnelle au diamètre de la roue, soit un centimètre par quinze centimètres de diamètre (c'est la proportion que nous adoptons). Il suit de là que si la roue avait 0^m900 de diamètre, la distance $g_1 h_1$ serait de 0^m060. Cette méthode, ainsi qu'on le verra plus loin, nous facilitera pour trouver, par un calcul numérique, la distance d'un point quelconque de la roue à l'axe de la cheville ouvrière.

Ceci posé, nous allons indiquer la méthode à suivre pour déterminer, sans tâtonnements, la place du passage de roue.

Quand la caisse est dessinée en élévation (*fig.* 85) (ou peut marquer seulement le contour extérieur à l'exception du passage) on trace la circonférence extérieure du cercle de la roue de devant (1) en la faisant passer par un point i', placé plus ou moins haut selon que l'on voudra échancrer plus ou moins la caisse pour le passage de roues.

Nous ferons remarquer que, dans un phaéton, on fixe d'abord la place de l'avant-train sans s'occuper où se trouvera le passage.

Après avoir exécuté, comme il est dit plus haut, les projections de la figure 85, on élève à volonté une verticale Z X (*fig.* 87), que l'on considère comme la trace d'un plan passant dans l'axe de la caisse. On porte ensuite à droite ou à gauche la distance X f_{11} égale à la moitié de la largeur de la voie; on élève par f_{11} une verticale $f_{11} g_1$, et par le point i' (*fig.* 85) on mène une ligne de projection qui rencontre $f_{11} g_1$ au point g_1; on porte ensuite sur cette ligne la distance $g_1 h_1$ qui exprime le devers de la roue; puis l'on joint $h_1 f_{11}$ par une droite qui représente l'arête intérieure du cercle. Portant ensuite $h_1 i_1$ largeur du cercle, et menant par i_1 une parallèle à $h_1 f_{11}$ on aura le cercle projeté dans sa largeur sur l'élévation du devant.

Au lieu d'élever la verticale $g_1 f_{11}$ en dedans du cercle, on pouvait l'élever en dehors et tracer seulement l'arête extérieure du cercle sur cette figure.

L'arête extérieure du cercle étant représentée sur deux plans de projection (*fig.* 85 et 87), il est facile de la représenter sur le troisième. Nous allons démontrer la manière de procéder pour fixer la position d'un point quelconque de cette arête sur le plan, et l'on procédera de même pour les autres points de la roue ou de l'avant-train.

Soit j' la projection du point donné sur la figure 85, menant par ce point une ligne de projection dans chacun des autres plans, nous trouvons que la projection correspondante est en j_1 (*fig.* 87). Portant $o_1 j_1$ de k en j (*fig.* 86) le point j sera le point demandé: la droite o Y sur laquelle se trouve le point k étant considérée comme la trace d'un plan vertical passant dans l'axe de la caisse.

188. Problème. — *Trouver la distance d'un point quelconque de l'avant-train à l'axe de la cheville ouvrière.*

Solution. On mène par le point donné une perpendiculaire à l'axe de la cheville ouvrière, la longueur de cette droite exprime la distance demandée. Cette solution se trouve d'ailleurs simplifiée par la raison que l'axe de la cheville se trouvant dans une position verticale, la perpendiculaire menée d'un point à cet axe est une horizontale qui se projette dans toute sa grandeur sur le plan horizontal.

Ici l'axe de la cheville est placé au centre de l'avant-train; il a sa trace en o sur le plan. Soit (j_1, j') un point quelconque pris sur l'arête du cercle, la perpendiculaire menée de ce point à l'axe de la cheville se projette suivant l'horizontal $o' j'$ sur l'élévation de côté et dans toute sa longueur suivant $o j$ sur le plan.

Si du point o comme centre avec $o j$ comme rayon, on décrit, sur le plan horizontal, l'arc de cercle $j j_0 j_2$ on trouve que le point (j_1, j') entre sous le passage, sur le côté de la caisse, en (j_0, j'') et qu'il arrive au milieu en (j_2, j'''). Opérant de même sur le point (i_1, i'), du haut de la roue, on trouve qu'il entre sous le passage en (i_0, i'') et qu'il arrive au milieu de la caisse en (i_2, i''').

L'inspection de la figure 85 montre, pour un passage de roue analogue à celui-ci, qu'il suffit d'avoir égard au point le plus élevé de la roue. On se guidera donc sur la position des projections i'' et i''' pour échancrer le passage, en observant qu'il faut toujours donner plus de *débattement* sur les côtés qu'au milieu de la caisse. En effet, quand la roue entre seulement sous le passage, la voiture peut encore marcher vite. Or, si la charge se trouve précisément portée du côté où l'on braque l'avant-train, elle fera baisser la caisse de ce côté, et c'est là qu'il faut le plus de débattement. Mais quand le dessus de la roue arrive sous le passage, au milieu de la caisse, la marche est lente, l'avant-train étant entièrement braqué; là il faut moins de débattement.

Le passage laisse ici 0^m120 de débattement au-dessus de i'' et 0^m100 au-dessus de i'''. Ces distances sont suffisantes pour que la caisse ne vienne jamais toucher l'arête du cercle sous la charge, surtout dans les conditions de notre épure où la flèche des ressorts est diminuée de 0^m025 environ.

---

(1) Les projections de toutes les arêtes du moyeu et du jantage, pour être justes, devraient représenter des ellipses sur la figure 85. L'ellipse de l'arête extérieure du cercle de la roue de devant aurait pour grand diamètre horizontal, 0^m040 égal au diamètre de la roue, et pour petit diamètre le grand côté $g_1 f_{11}$ de l'angle droit d'un triangle rectangle $h_1 g_1 f_{11}$ (*fig.* 87), dont l'hypoténuse $h_1 f_{11}$ égale au diamètre de la roue, est de 0^m940. Le petit côté $g_1 h_1$ ayant ici 0^m063, le petit diamètre de l'ellipse qui mesurerait la distance $o i'$ (*fig.* 85) aurait 0^m9378, soit environ deux millimètres de moins que le diamètre de la roue; mais la différence de l'ellipse à la circonférence est ici trop minime pour en tenir compte dans la pratique. C'est pourquoi nous projetons, sur l'élévation de côté, toutes les arêtes du moyeu et du jantage par des circonférences.

Nous avons entièrement représenté l'avant-train sur la planche XVII ; mais il suffisait pour déterminer, par une construction graphique, la position des points que nous avons considérés, de tracer la demi-circonférence $i'j'o$; l'arête du cercle où se trouvent les points i_1 et j_1 et la courbe ij (*fig.* 85, 87 et 86).

Enfin on peut aussi trouver la longueur d'un rayon quelconque $(oj, o'j')$ soit par un calcul numérique, soit par une opération mixte. Dans le premier cas il n'y a rien à projeter, dans le second il suffit de tracer l'arc de cercle $i'j'$ (*fig.* 85).

Premier cas. Le diamètre de la roue, la largeur de la voie ainsi que la place de l'axe de la cheville, étant donnés, on demande la distance à l'axe de la cheville ouvrière d'un point (j_1, j'), situé à 0^m820 de hauteur sur l'arête et en dehors du cercle de la roue.

La perpendiculaire, menée de ce point à l'axe de la cheville, peut être considérée comme l'hypoténuse oj, d'un triangle rectangle okj dans lequel ok est égal à $o'j'$ (*fig.* 85) et kj égal à o_1j_1 (*fig.* 86) ; $o'j'$ est une moyenne proportionnelle entre oo' et $o'i'$. Si donc le point o' est élevé à 0^m820, $o'i'$ égale 0^m120, la roue ayant 0^m940 de diamètre. Or la moyenne proportionnelle entre ces deux quantités est 0^m3136, longueur de $o'j'$ ou ok.

La longueur kj de l'autre côté de l'angle droit est égale à o_1j_1 (*fig.* 87) ; elle se compose de la moitié de la voie X f_{11}, égale 0^m610, et de la distance p_1j_1, comprenant le devers de la roue et la largeur du cercle, soit 0^m090, total 0^m700. Connaissant les longueurs ok et kj, l'une de 0^m3136, l'autre de 0^m700, le rayon oj ou la distance du point donné à l'axe de la cheville est de 0^m767 (1).

Deuxième cas. On trace seulement l'arc $i'j'$ et par j' on mène l'horizontale $j'o'$ jusqu'à la projection de l'axe de la cheville... Le reste comme dans le premier cas.

(1) On démontre en géométrie que le carré construit sur l'hypoténuse d'un triangle rectangle est égal à la somme des carrés construits sur les deux autres côtés ; la racine carrée de cette somme exprime la longueur de l'hypoténuse.

DESCRIPTION DES OMNIBUS

189. Étymologie. — *Omnibus*, mot latin qui signifie *à tous, pour tous,* ou *propre à tous,* a été appliqué dès 1662 pour désigner un genre de voiture de louage en commun, qui fut mis, à cette époque, en activité dans Paris. On appelait alors ces voitures *carrosses-omnibus*. C'était là certainement une épithète qui ne convenait guère à un véhicule dans lequel on avait placardé une ordonnance où il était dit : « Il est défendu à tous soldats, pages, laquais et tous autres gens à livrée, manœuvres et gens de bras, d'y entrer pour la plus grande commodité des bourgeois. »

Les carrosses-omnibus étaient à huit places ; la caisse était suspendue par deux grandes courroies fixées sur des moutons élevés, de chaque côté, verticalement au-dessus des essieux. Les portières étaient sur les côtés et non à l'arrière de la voiture.

Ce premier essai des voitures-omnibus dura trois ou quatre ans ; il fut repris à Paris en 1828, mais cette fois pour tout le monde. Un service semblable avait été organisé à Londres dès 1820. Les voitures furent construites alors, sauf l'impériale, à peu près comme celles qui existent aujourd'hui : c'est-à-dire avec porte ou baie à l'arrière et banquettes longitudinales. Depuis on a donné, par extension, le nom d'omnibus à des voitures de maître ainsi disposées. Le mot omnibus est pris de nos jours substantivement pour désigner toutes voitures dont la caisse est fermée par le haut, l'intérieur accessible par une porte ou une baie à l'arrière et les banquettes placées de chaque côté dans le sens longitudinal de la voiture. C'est par extension aussi qu'on a donné le nom de *break-omnibus, chars-à-bancs omnibus* à des voitures découvertes dont la partie inférieure du corps de la caisse est disposée comme aux omnibus. Et *vice-versa, omnibus-break, omnibus char-à-bancs* quand l'omnibus a le siége du cocher élevé sur un coffre de break ou couvert d'une capucine comme les calèches chars-à-bancs.

Usage. — Que l'omnibus soit affecté à un service public

ou particulier, c'est la voiture qui, avec des dimensions restreintes et un tirage relativement faible, présente les dispositions les plus favorables pour transporter un grand nombre de personnes et de bagages. On a la faculté d'adopter une longueur de caisse selon les besoins pour lui faire contenir entre quatre places d'intérieur minimum et quatorze places maximum ; et nonobstant les dimensions d'un omnibus à quatorze places, on braque encore assez facilement dans des rues étroites sans qu'il soit nécessaire de pratiquer un passage de roues dans la caisse.

Tout le monde connaît les omnibus affectés dans les grandes villes à un service public en commun. Ces voitures, pour la plus grande partie, ont été construites sur le modèle de ceux qu'emploie la Compagnie générale des omnibus de Paris.

Le dernier modèle de cette compagnie, qui est le plus perfectionné, est à 28 places, dont 14 d'intérieur et 14 d'impériale. Il est traîné par deux chevaux que dirige un cocher ayant son siége sur l'impériale. Un employé auquel on a donné le nom de *conducteur*, placé derrière la voiture, est en quelque sorte le gouverneur de l'omnibus et en même temps le domestique, ou, si l'on veut, l'employé des voyageurs, car il les aide au besoin à monter et descendre.

Ce conducteur fait la recette, donne la correspondance et veille à ce que le service se fasse en ordre et selon les prescriptions des règlements. Ces voitures partent d'une station déterminée, à des heures fixes ; elles suivent un itinéraire tracé d'avance pour arriver à une station d'où elles partent ensuite pour revenir par le même chemin. Il y a actuellement, dans Paris, près de sept cents omnibus qui le parcourent dans tous les sens. Les voyageurs ont la faculté de faire arrêter la voiture à volonté pour monter ou descendre.

Après ceux qui sont spécialement affectés au transport des personnes, viennent les omnibus mixtes où il y a sur l'impériale un emplacement réservé pour y mettre des bagages. Les administrations de chemins de fer, les petits messagers qui desservent les stations, les hôtels et les particuliers emploient ces sortes de voitures où l'on trouve une grande variété de modèles.

Le type de la planche XVIII est au nombre de ces derniers ; il est disposé pour l'usage des particuliers qui s'en servent, soit pour les courses, la chasse, le service d'une maison de campagne aux stations de chemin de fer et les promenades à grandes distances.

L'emploi des omnibus à la place d'autres voitures, pour les divers usages que nous venons d'indiquer, se justifie, ainsi qu'il est dit plus haut, par un faible tirage dû à la fois à la légèreté relative de la voiture, à la faculté que l'on a de pouvoir employer des roues d'un grand diamètre et de faire porter la plus grande partie de la charge, — les deux tiers si l'on veut, — sur les roues de l'arrière-train.

Le poids total des omnibus à 28 places de la Compagnie générale des omnibus de Paris, soit trente places y compris le cocher et le conducteur, est de 1,720 à 1,730 kilog. C'est environ 58 kilog. de poids mort par personne.

Les voitures de luxe, quoique très-légères en apparence, ont un poids mort qui dépasse généralement 100 kilog. par personne. Les cabriolets-mylords ou victorias pèsent de 320 à 330 kilog. et transportent trois personnes, dont deux à l'intérieur et le cocher. Les coupés, pour le même nombre de personnes, pèsent 480 à 500 kilog. Les landaus, qui ont quatre places d'intérieur et deux sur le siége du cocher au besoin, pèsent de 650 à 700 kilog. Ces voitures ont encore l'inconvénient d'avoir l'avant-train plus chargé que l'arrière-train, condition qui contribue dans une assez grande proportion, à l'augmentation du tirage.

La légèreté des omnibus s'explique surtout par la forme et les dispositions de la caisse. La charpente de celle-ci étant composée de bâtis presque droits ou d'une courbure peu prononcée, ces bâtis peuvent avoir des dimensions très-réduites, d'autant plus que la caisse est fermée par le haut et qu'il n'y a pas d'entrée sur les côtés.

DIMENSIONS.

Pour indiquer les dimensions des omnibus, nous les divisons en trois classes correspondant sensiblement aux divers usages auxquels on les destine : 1° omnibus affectés à un service public en commun, généralement employés dans les grandes villes, où les voyageurs montent et descendent à volonté, tels sont à Paris les omnibus de la Compagnie générale ; 2° omnibus destinés à un service public en commun, mais où les voyageurs descendent à l'arrivée, tels sont les omnibus des chemins de fer, de petites messageries ou d'hôtel ; 3° enfin les omnibus à l'usage des particuliers.

Les omnibus des deux premières classes étant assujettis aux dimensions fixées par les lois sur les messageries, nous rappellerons ici sommairement ces dimensions, qui nous serviront de point de comparaison avec celles qui ont été adoptées en raison du service spécial que fait la voiture.

Chaque paragraphe est numéroté afin d'y renvoyer le lecteur au besoin.

Conditions exigées pour la construction des voitures
à quatre roues.

1° Maximum de la longueur des essieux, 2ᵐ50.
2° Maximum de la saillie sur le moyeu, 0ᵐ06.
3° Maximum de la saillie du moyeu y compris celle de l'essieu sur le plan passant en avant des jantes, 0ᵐ12.
4° Minimum de la voie de l'arrière-train, mesure prise du

milieu au milieu des jantes de la partie des roues reposant sur le sol, 1^m65.

5° Minimum de la voie de l'avant-train, 1^m55.

6° Minimum de la distance entre les deux axes des essieux, 1^m55.

7° Maximum de la hauteur des voitures publiques, mesure prise du sol au point le plus élevé, 3^m00.

8° Minimum de la largeur moyenne des places, 0^m48.

9° Minimum de la largeur moyenne des places pour les voitures parcourant moins de 20 kilomètres et pour les banquettes à plus de trois places, 0^m40.

10° Minimum de la profondeur des banquettes, 0^m45.

11° Minimum de la distance entre deux banquettes, 0^m45.

12° Minimum de la distance entre la banquette du coupé et le devant de la voiture, 0^m35.

13° Minimum de la hauteur du pavillon au-dessus du fond, 1^m40.

14° Minimum de la hauteur des banquettes à partir du fond au-dessus du coussin, 0^m40.

15° Il peut être placé sur l'impériale une banquette pour trois personnes: la hauteur de cette banquette, y compris le coussin, ne doit pas dépasser, 0^m30.

Omnibus affectés à un service public en commun où les voyageurs montent et descendent à volonté.

190. Les omnibus de la Compagnie générale de Paris, qui sont spécialement destinés à ce service, ont, dans l'intérieur, les dimensions suivantes :

Largeur moyenne des places, 0^m465 ;

Distance entre les banquettes, 0^m60 ;

Hauteur du pavillon au-dessus du fond, mesure prise au milieu, 1^m75.

Ces voitures parcourant moins de 20 kilomètres dans leur trajet, on pouvait, d'après la loi, réduire la largeur moyenne des places à 0^m40 (§ 9), mais cette dimension est par trop réduite ; il ne faut pas, même pour un petit parcours, descendre au-dessous de 0^m45, largeur moyenne pour chaque place.

On peut objecter que, souvent, ces voitures ne sont pas au complet ; c'est sans doute cet argument qui a prévalu pour autoriser la réduction de la largeur moyenne des places à 0^m40 quand la banquette a plus de trois places et que la voiture parcourt moins de 20 kilomètres. Mais il arrive souvent aussi que toutes les places sont occupées, et quand les personnes sont un peu fortes, c'est à grand'peine qu'elles peuvent se placer avec 0^m465.

Les omnibus de Londres n'ont que 0^m425 de largeur moyenne pour chaque place, mais tout le monde réclame contre l'exiguïté de cet emplacement.

La distance de 0^m60 entre les banquettes est nécessaire pour laisser, entre les genoux, un passage afin que les voyageurs puissent monter et descendre sans déranger ceux qui sont assis. C'est 0^m15 de plus que la distance fixée par la loi (§ 11).

Enfin, la hauteur du pavillon au-dessus du fond, fixée à 1^m40 (§ 13) sur les côtés, ce qui donne sensiblement, pour un pavillon dont la convexité est ordinaire, 1^m46 au milieu, a été portée en cet endroit, par la Compagnie générale des omnibus, afin que les personnes puissent circuler sans se baisser, à 1^m75, sans qu'elle fût modifiée sur les côtés. Le pavillon est pour cela surelevé dans son milieu en forme de lanternon.

Omnibus affectés à un service public en commun où les voyageurs descendent à l'arrivée.

191. Ces voitures peuvent être construites exactement d'après les dimensions fixées par les lois françaises sur les messageries : 0^m48 de largeur moyenne pour chaque place (que l'on peut réduire à 0^m45 quand la banquette a plus de trois places et que la voiture parcourt moins de 20 kilomètres) et 0^m45 pour la largeur de chaque banquette et la distance entre. Inutile ici de réserver un passage entre les genoux des voyageurs assis ; ceux qui montent les premiers se placent au fond de la voiture, et l'on descend dans un ordre inverse. La hauteur du pavillon au-dessus du fond a 1^m40 sur les côtés ; il se trouvera, selon que la convexité du pavillon sera plus ou moins prononcée, 1^m45 à 1^m46 au milieu.

Les caisses des omnibus de la Compagnie générale des omnibus de Paris ont actuellement une largeur extérieure à hauteur de ceinture de 1^m76. En 1860 elles avaient seulement 1^m66. En construisant les caisses avec les largeurs de banquette et la distance entre, indiquées ci-dessus (0^m45), on a une largeur de caisse, mesure prise à l'intérieur sur les banquettes de 1^m35, ce qui donne sensiblement 1^m55 de largeur extérieure à hauteur de ceinture (1). Ces dimensions ayant été adoptées pour les anciennes diligences dont les trajets s'étendaient jusqu'à 800 et 1,000 kilomètres, ont été consacrées par le temps et l'expérience, et nous pouvons les considérer comme bonnes, surtout pour les omnibus un peu grands affectés à un service public en commun, ainsi que pour les grands omnibus d'hôtel qui font un service analogue.

Mais, à côté des grands omnibus, les administrations de chemin de fer et les entrepreneurs de voitures publiques emploient de petits omnibus à six places d'intérieur. Ces voitures, ordinairement traînées par un seul cheval, ont été assimilées aux omnibus bourgeois dont il sera fait mention

---

(1) Les dimensions intérieures des caisses étant exigées au minimum, les entrepreneurs de voitures publiques et les fabricants feront toujours bien de les augmenter de quelques millimètres en les cotant sur les plans des menuisiers.

plus loin. On a réduit leurs dimensions le plus possible de 0^{m}10 à 0^{m}15 dans la largeur afin d'en diminuer le poids. Toutefois nous engageons les fabricants et les entrepreneurs de voitures publiques à se faire autoriser préalablement à la préfecture de leur département comme il est dit à la fin de l'article 185.

Omnibus affectés à l'usage des particuliers appelés omnibus bourgeois ou de maître.

192. Les omnibus à l'usage des particuliers sont presque tous à quatre, six et huit places d'intérieur. La moyenne grandeur adoptée pour l'emplacement réservé aux personnes est sensiblement la même, en largeur, qu'aux omnibus affectés à un service public (0^{m}48 sur la banquette, ce qui donne environ 0^{m}50 à hauteur de ceinture) ; mais l'emplacement dans le sens de la profondeur des banquettes est ordinairement plus petit qu'aux voitures publiques, pour les omnibus à six places et au-dessus, de 0^{m}10 environ sur la largeur totale de la caisse. Cette réduction s'explique peut-être par la raison que les personnes étant en famille ne sont point gênées entre elles pour le placement des jambes.

Au lieu de fixer les dimensions à l'intérieur sur les banquettes comme aux voitures soumises à la réglementation, nous les fixons ici à l'extérieur et à hauteur de ceinture. Cette méthode, beaucoup plus simple dans la pratique, est généralement adoptée pour mesurer toutes les voitures à l'usage des particuliers.

La caisse d'un omnibus bourgeois, à six places d'intérieur par exemple, aurait sensiblement, d'après les données ci-dessus, 1^{m}64 de longueur extérieure à hauteur de ceinture, soit 0^{m}14 pour l'épaisseur des bâtis et 1^{m}50 pour l'emplacement des personnes ; et 1^{m}45 de largeur extérieure dont 0^{m}20 pour l'épaisseur des bâtis et le devers de la caisse sur les côtés et 1^{m}25 de largeur intérieure, mesure prise sur les banquettes.

Si l'on construisait les omnibus à quatre places en réservant comme ici, les mêmes dimensions à l'intérieur pour chaque place, on aurait une longueur de caisse de 1^{m}14 à hauteur de ceinture contre une largeur de 1^{m}45. Dans cet état la caisse paraîtrait trop courte en raison de sa largeur ; on augmente alors la longueur de 0^{m}10 environ, et l'on diminue la largeur de la même quantité. L'augmentation en longueur facilite pour le placement des jambes et compense la diminution en largeur.

DESCRIPTION DE LA PLANCHE XVIII.

193. L'omnibus de cette planche, qui nous sert de type, est à six places d'intérieur, trois sur l'impériale et deux sur le siége du cocher. Une galerie sur les côtés et le derrière du pavillon est destinée à maintenir les bagages que l'on place dessus. Le dossier du siége d'impériale est mobile ; on l'enlève quand on charge de bagages toute la surface du pavillon.

Le type de cette voiture composé pour l'usage d'un particulier, est actuellement le plus en vogue à Paris. Nous l'avons représenté sur plusieurs plans afin que les dimensions et la forme de toutes les pièces se manifestassent à la vue. Nous avons diminué le jantage des roues, le nombre et la force des rais et la flèche des ressorts, afin que la planche présentât un meilleur aspect et aussi pour ne pas trop masquer les pièces de l'avant-train, dont on n'aurait plus aperçu la forme.

Ainsi la hauteur du jantage, qui devrait avoir aux roues de l'avant-train 0^{m}066, dont 0^{m}050 de bois et 0^{m}016 de fer, n'a que 0^{m}050. Les roues ont dix et douze rais au lieu de douze et quatorze ; la flèche des ressorts d'avant-train est de 0^{m}18 au lieu de 0^{m}23. En rendant aux ressorts la flèche qu'ils doivent avoir, la caisse se trouvera montée 0^{m}050 plus haut. A part ces modifications, toutes les autres parties sont réduites proportionnellement.

Dimensions de la caisse. — La longueur de la caisse de *a* en *b*, à hauteur de ceinture, est de 1^{m}64 ; sa largeur, de 1^{m}45 soit 0^{m}725 de demi-largeur *c d*. Les côtés et le derrière sont légèrement renflés ; cette disposition, très-favorable pour la peinture, donne un peu plus de travail, mais la réussite est plus certaine, car les irrégularités sont moins apparentes sur une surface courbe que sur une surface plane. La largeur du coffre où s'applique le lisoir est de 0^{m}95, soit 0^{m}475 de demi-largeur *ef*. Cette largeur est combinée pour que le lisoir G ait une longueur suffisante afin que ses dégagements par les bouts aient quelque symétrie avec ceux de la sellette H dont la longueur est fixée par l'écartement des ressorts d'avant-train.

La hauteur de la caisse cotée sur la planche est de 0^{m}33 du bas du fond au-dessus de la banquette et 1^{m}16 du dessus de la banquette au-dessus du pavillon. Le siége sur l'impériale est formé par un coussin que l'on fait moitié plus épais par les bouts qu'au milieu afin de compenser la convexité du pavillon.

Dimensions du train. — Les roues ont ici un diamètre de 0^{m}98 devant et 1^{m}20 derrière. On peut augmenter ce diamètre de 0^{m}05 à 0^{m}10 pour les roues de l'arrière-train, mais il faudrait ou monter la caisse plus haut, ou élever les ailes (I, I'). On peut sans inconvénient élever ces ailes de 0^{m}06 à 0^{m}07 jusqu'à ce qu'elles viennent affleurer le dessus J, J des châssis de glace quand ils sont descendus dans leurs coulants.

Nous admettons, comme formule applicable à tous les omnibus de quatre, six et huit places, une différence de 0^{m}10 entre la largeur totale de la caisse, à hauteur de ceinture, et la longueur de l'essieu de l'arrière-train, mesuré dans l'axe, du dehors en dehors des rondelles. La largeur de la caisse ayant ici 1^m45, soit 0^m725 de demi-largeur $c\,d$, la longueur de l'essieu doit être alors de 1^m35, soit 0^m675 de demi-longueur $k\,l$. Avec cette donnée, très-simple dans la pratique, on a entre la roue et la caisse une distance $m\,n$ de 0^m13 à 0^m14, suffisante pour que ces deux parties ne viennent pas se toucher sous l'action des chocs.

L'essieu de devant est ici 0^m12 plus court que celui de l'arrière. Cette réduction n'a pas d'autre objet qu'une composition harmonieuse dont on se rendra compte en jetant un coup d'œil sur l'élévation du devant. Si les deux essieux eussent été d'égale longueur, il eût fallu faire un coffre plus long et plus large pour obtenir une composition analogue.

L'avant-train est muni d'un heurtoir p qui vient butter contre une dent enlevée au rond, laquelle se projette en q. En braquant l'avant-train jusqu'à ce que le bout du heurtoir touche la dent, tous les points de la partie mobile auront décrit, autour de l'axe o de la cheville ouvrière, des arcs de cercle qui auront pour mesure l'angle $p\,o\,q$. Si

donc on veut savoir où vient se placer, quand l'avant-train sera braqué, un point quelconque, par exemple le point $(r,\ r')$ de la roue, on joindra r et o par une droite, laquelle coupe la demi-circonférence $p\,q$ en s. Portant $p\,q$ de s en t et joignant $t\,o$ par une droite, l'intersection de cette droite en r_0 avec l'arc $r\,r_0$ est la projection horizontale du point demandé. Menant ensuite par r_0 et r' les lignes de projection verticale et horizontale, leur rencontre en r'' donnera la projection verticale du même point.

La partie de la roue qui se rapproche le plus du passage, sous l'action des chocs, quand l'avant-train est braqué, est située vers $r,\ r'$. Il faut que ce point soit à une distance du passage suffisante pour que la caisse en cet endroit ne vienne pas toucher les roues. Or le point de la caisse sous le passage qui se rapprochera le plus de r'' est vers u à une distance de 0^m08 environ de r'', mais les ressorts d'avant-train ont ici 0^m18 de flèche au lieu de 0^m23 qu'il faut leur restituer. Il y aurait donc avec cette flèche une distance de 0^m13 de u en r'' suffisante pour que la caisse ne vienne pas toucher la roue.

CHAPITRE V

PROFILS, GÉNÉRATION ET INTERSECTIONS A LA SURFACE DES CAISSES

194. Le présent chapitre est un des plus intéressants de la menuiserie en voiture en ce que sa solution, qui touche à la fois à la mode et au goût, ne peut être résolue d'une manière satisfaisante qu'au moyen des connaissances théoriques de la méthode des projections et de la génération de la surface des caisses, jointes à une pratique suffisante pour éviter les écueils que l'expérience a démontrés.

Bien que les profils, la génération et l'intersection des surfaces semblent former les différentes parties d'un tout, chaque partie comporte cependant des particularités qui lui sont propres, et, pour cette raison, il est utile de les considérer isolément. Nous les traiterons ensuite deux à deux, afin de mettre en évidence les mauvais résultats que produisent certains profils selon que la convexité des surfaces est plus ou moins prononcée.

Profil. — En général, nous donnons le nom de *profil* aux lignes de la surface des caisses qui se projettent sur les plans de projection. Ce sont les intersections de surfaces qui les donnent, ou certaines pièces peu volumineuses telles que la ceinture d'un siége de phaéton, les palmettes, les balustres, les moutonnets..., que l'on considère, vus à une certaine distance, comme s'ils ne formaient qu'une seule ligne, bien que quelques-unes de ces pièces puissent avoir, en certains endroits, quatre à cinq centimètres d'épaisseur.

Nous n'avons point à nous occuper ici des profils qui ne relèvent que du goût et de la mode, et pour lesquels, en se renfermant dans les besoins de la construction, on a ensuite toute liberté pour leur forme. Tels sont, par exemple, les passages de roues, les gorges dans les coffres et en général le périmètre de toute surface plane. Mais cette liberté a des limites lorsqu'il s'agit d'une surface renflée dont la convexité est assez prononcée.

195. *Disposition des balustres dans les siéges carrés ou rotonde de phaéton, de breack-omnibus ou autres.* — La division et la disposition des balustres dans les siéges de toutes formes doivent satisfaire aux trois conditions suivantes : 1° que les espaces qui les séparent soient sensiblement proportionnels ; 2° que deux balustres consécutifs soient dans un même plan ; 3° enfin que les axes des balustres, vus sur une face quelconque de la voiture, soit sur le côté, soit sur le derrière, concourent en un même point, à moins toutefois qu'ils ne soient parallèles. Non-seulement ces trois conditions satisfont à toutes les convenances du goût et de la forme, mais l'inobservation de l'une d'elles laisse toujours apercevoir quelque chose de difforme, de disgracieux, contraire enfin aux lois de l'esthétique.

Nous allons d'abord indiquer pour chaque genre de siége la méthode pratique la plus expéditive que l'on doit employer à l'atelier ; nous exposerons ensuite les conséquences théoriques qui en découlent.

Soit d'abord (fig. 92, 93 et 94) l'élévation de côté, du derrière et le plan d'un siége *carré*, ainsi nommé parce que les projections en plan, pour toute section horizontale, faite sur la surface à hauteur de $b'd'$, par exemple, se coupent à angle droit en d et d''.

Le dessous du siége projeté en $b'd'$ est dans un plan horizontal ; mais le dessous de la ceinture projeté suivant $e'f'$, est dans un plan incliné. Actuellement nous considérons la surface extérieure de ce siége comme si elle se prolongeait réellement jusqu'à la hauteur d'un plan horizontal mené suivant $a'c'$. On verra plus loin l'utilité de cette disposition. La méthode des projections fournit ensuite les moyens de déterminer avec exactitude toutes les lignes d'intersection avec les surfaces, quelles que soient la forme et la disposition des bâtis qui les coupent.

On exécute les projections en commençant par la fig. 92 ; l'inclinaison $a'b'$ du pied, $c'd'$ du derrière et $e'f'$ de la ceinture n'ont pas d'autre loi que le goût et la mode du jour. Cette figure contient les dimensions .en hauteur et profondeur. Restent à donner les dimensions en largeur que l'on obtiendra en exécutant les projections de la fig. 93. La fig. 94 ne peut être exécutée qu'au moyen des deux précédentes, et, s'il ne s'agissait que d'un siége carré, elle serait complétement inutile, car toutes les données nécessaires à la construction seraient fournies par les deux autres figures. Mais le siége carré étant destiné ici à nous servir d'introduction pour les siéges à rotonde, nous exécutons les projections en plan comme pour ces derniers.

Les deux côtés du siége étant symétriques, concevons dans l'axe un plan vertical, lequel sera représenté par ses traces $x_1 y_1$ et xy. Par les projections a', c', b', d' de l'élévation, menons des lignes de projection $a'aa''$, $c'cc''$, $b'bb''$, $d'dd'$ perpendiculaires à XY; portons ensuite sur ces lignes les demi-largeurs à partir de xy, soit $x_1 c_1$ de x en c et c''; $g_1 d_1$ de g en d et d''. Menant par les points ainsi obtenus les droites ac, bd, $a''c''$, $b''d''$ et dd'', les unes parallèles et les autres perpendiculaires à XY; ainsi que les droites ab, cd, $a''b''$, $c''d''$, on aura les projections horizontales des intersections de la surface extérieure du siége, des pieds et des plans menés suivant $a'c'$ et $b'd'$.

Nous supposons ici, pour plus de simplicité, que les côtés et le derrière du siége sont des surfaces planes passant dans l'axe des balustres, et nous les considérons, par rapport au derrière du siége, comme les faces d'une pyramide quadrangulaire renversée, dont la base serait prise sur un plan horizontal mené à hauteur de $a'c'$. Cette base se trouverait donc limitée par les droites ac, $a''c''$ et cc'' sur le plan. Le sommet de cette pyramide doit être dans le plan vertical xy à l'endroit où il est percé par les arêtes ($c'd'$, cd, $c''d''$), or il vient se projeter en o. Il est évident que la meilleure direction à donner aux balustres du derrière de la caisse, divisés en $c, i, j... x; c'', i'', j''... x$, est de les faire concourir au sommet projeté en o.

Considérons maintenant les faces de côté. Les balustres d'angle projetés en cd, $c''d''$ sont déterminés par l'intersection des faces. Ils appartiennent à la fois au derrière et aux côtés du siége; ils doivent donc concourir au sommet projeté en o avec les balustres du derrière et à un autre sommet projeté en n ou n'', lequel est déterminé, sur la face de côté, par l'intersection des droites ab, $cd...$, dont la première est la projection du derrière du pied, rentrée de l'épaisseur d'un demi-balustre, et la seconde la projection du balustre d'angle. Il est indubitable aussi que la meilleure direction à donner aux balustres de côté est de les faire concourir aux sommets projetés en n et n''.

Les balustres sont divisés à égale distance l'un de l'autre en mesurant suivant des directions horizontales, cx. Il résulte de ce mode de division que, vers l'angle du siége, les balustres sont plus rapprochés qu'au milieu, par la raison que la distance vraie d'un balustre à l'autre est la perpendiculaire abaissée de l'un sur l'autre. Mais cette différence est de peu de conséquence, ainsi qu'on peut en juger en jetant les yeux sur les fig. 92 et 93. Aussi la division suivant des lignes horizontales étant plus expéditive et plus conforme aux applications de la menuiserie en général, nous n'hésitons pas à l'adopter ici.

Maintenant, pour bien se rendre compte des résultats obtenus par la méthode pratique que nous venons d'indiquer, il faut transporter les projections des balustres sur les fig. 92 et 93 : 1° parce que les projections sur ces deux figures ont plus d'étendue pue sur le plan; 2° parce que c'est aussi dans ces conditions que la voiture apparaît à l'observateur.

Le sommet projeté en o a sa projection correspondante en o, (fig. 93), c'est en ce point que viendront concourir les projections des balustres sur le derrière du siége.

De même les sommets projetés en n et n'' ont leur projection correspondante en n' (fig. 92) prolongée au-delà de la ligne de terre; toutes les projections des balustres de côté viendront concourir en ce point.

Jusqu'ici nous avons fait abstraction des bâtis, et pour simplifier les opérations nous avons représenté les baluspar leur ligne d'axe. Si maintenant on veut déterminer les projections horizontales où le dessous d'un bâti projeté en $e'f'$ coupe les balustres, on mènera, par toutes les projections $e'... f'$, des lignes de projection $e'e... f'f$, elles détermineront en $e ... f$ les projections horizontales correspondantes, et la ligne $e...f$ qui passera par ces points sera la projection demandée.

Les démonstrations que nous venons de faire vont nous servir de préliminaire pour un siége à rotonde ou corbeille à balustres. Nous avons considéré les faces d'un siége carré comme s'ils formaient trois côtés d'une pyramide quadrangulaire, dont nous avons déterminé la base où sont divisés les balustres et les sommets où ils concourent. Nous considérons le siége à rotonde comme s'il était inscrit dans le siége carré; nous dirigeons ses balustres de manière que les axes de deux balustres consécutifs concourent en un même point. Ceci posé, si l'on regarde les axes des balustres comme s'ils formaient les intersections des faces d'une pyramide, le siége à rotonde que nous allons décrire formerait trois fragments de pyramide, dont un sur le derrière et un sur chaque côté, ayant chacun leur sommet particulier.

196. Soient (*fig.* 95, 96 *et* 97) l'élévation de côté, du derrière et le plan d'un siége à rotonde, représenté par moitié dans les deux dernières figures; la courbe alx est considérée comme la projection de l'intersection de deux fragments de surfaces coniques passant dans l'axe même des balustres par un plan horizontal mené à la hauteur de $a'c'$.

On exécute d'abord les projections, ou les épures, ce qui

est la même chose, en suivant l'ordre indiqué dans l'article précédent et absolument comme s'il s'agissait d'un siége carré, limité en élévation par un plan horizontal mené à hauteur de $a'c'$. On obtient ainsi les projections horizontales ac, bd, cx et dg. Ces projections sont seulement utiles pour déterminer la position de la ligne d'angle projetée en cd.

Cette ligne d'angle a une grande importance parce qu'elle comporte le *devers* ou l'*inclinaison* du siége sur le derrière et sur le côté. C'est elle conséquemment qui divise la surface conique de la rotonde en deux fragments, et elle seule qui concourt à la fois aux deux sommets.

Cependant, s'il y avait une trop grande différence entre la distance des balustres du derrière et du côté, on pourrait déplacer un peu le balustre d'angle, mais en faisant passer sa direction par le sommet projeté en o jusqu'à la rencontre de la droite projetée en an pour obtenir la position du deuxième sommet.

La courbe alx est inscrite dans les côtés ac et cx; c'est une courbe créée par le goût et non une courbe géométrique. La droite cx est tangente en x à cette courbe, mais la droite ac fait un angle avec sa rencontre en a. Des mathématiciens nous demanderont peut-être pourquoi nous n'employons pas ici une courbe géométrique, soit une branche d'ellipse, de parabole ou d'hyperbole..., nous répondrons immédiatement que : 1° la détermination des points de ces courbes demande trop de temps; 2° que leur forme ne se prête pas à toutes les exigences.

C'est sur la courbe alx que l'on porte les divisions des balustres, mais en la fractionnant en deux parties, dont l'une de a en l et l'autre de l en x. Les balustres de côté divisés en i, j, k..., concourent au sommet projeté en n, tandis que les balustres du derrière divisés en $m, p, q...,$ concourent au sommet projeté en o.

La disposition que nous venons d'indiquer est évidemment telle que les axes de deux balustres consécutifs se trouvent dans un même plan, ou, en termes de menuiserie, se *dégauchissent* puisqu'ils concourent deux à deux en un même point. Il reste maintenant à déterminer le point où l'axe de chaque balustre perce le plan horizontal mené suivant le dessous $b'd'$ du siége.

Deux plans parallèles coupent les faces de chaque fragment de pyramide en des lignes parallèles dont les projections sont parallèles. Or, si l'on joignait deux à deux par des droites les divisions ai, ij, jk.... sx, ces droites formeraient le périmètre de la base des fragments de pyramides que nous considérons, sur un plan horizontal mené à hauteur de $a'c'$. Un autre plan parallèle au premier, mené à hauteur de $b'd'$, coupera les faces en des droites qui viendraient se projeter parallèlement aux premières suivant $b1$, 12, 23.... $8g$. Il nous reste à démontrer comment on obtient les points b, 1, 2, 3.... g.

Premier moyen. — Les points b et g sont déjà déterminés comme donnée première par les lignes de projection $b'b$, $d'g$. On mènera, en commençant par l'un quelconque de ces points, b par exemple, une parallèle à ai, elle coupera la projection $i1$ du balustre en 1; on mènera de même par ce dernier point une parallèle à ij qui coupera $j2$ en 2, et l'on continuera ainsi jusqu'au point t; on opérera de la même manière à partir de g, dans le sens opposé, la suite des parallèles devra venir de part et d'autre se rencontrer en t.

Deuxième moyen. — On peut se contenter de tracer une courbe btg sensiblement semblable à alx, en la faisant passer par trois points donnés b, t et g. Les points b et g sont déjà déterminés par les lignes de projection, il reste donc à trouver le point t.

Par un point l de la première courbe pris sur la projection de l'angle, menons à cette courbe une tangente $9\,10$ qui coupera les côtés ac et cx en 9 et 10. Joignant par des droites ces deux derniers points avec les projections n et o des sommets, ces lignes couperont les droites bd et dg en d'autres points 11 et 12. La droite $11\,12$ qui joint ces points sera tangente à la deuxième courbe et déterminera le point t cherché.

Si, maintenant, l'on veut se rendre compte sur les plans d'élévation (fig. 95, 96 et 98) des résultats que doit produire notre méthode de division des balustres, on mènera la ligne de projection oo' jusqu'à sa rencontre avec le devers $c'd'$ prolongé dans la figure 99. Par o' on mènera une autre ligne de projection $o'o_1$. Les deux points o' et o_1 seront, pour les figures 95, 96 et 98, les projections du sommet où viendront concourir les balustres de l'arrière du siége, y compris ceux du milieu des angles arrondis $l'o'$, l_1o_1, $l_{11}o_1$. On obtient le point l' en menant par l une ligne de projection jusqu'à la rencontre de $a'c'$ et les points l_1 et l_{11}, en portant vl de h_1 en l_1 et l_{11}.

Prolongeant ensuite $l'o'$ jusqu'à la rencontre de $c'b'$ en n' et menant la ligne de projection $n'n_1$, les trois points n', n_{11} et n_1 seront les projections des sommets où viendront concourir les balustres sur les côtés du siége.

On construit pour les brecks-omnibus des siéges à rotonde et à balustres dont l'extrémité vers la porte de l'arrière est droite au lieu d'être inclinée, comme on les exécute actuellement pour les phaétons. Il s'ensuit qu'en cet endroit le bout du siége, au lieu de se projeter suivant ab, se projetterait suivant zb.

Dans ce cas, le sommet de la pyramide pour le bout du siége viendrait se projeter en $n°$.

Ce que nous venons d'exposer pour les balustres est également applicable aux palmettes.

197. Dans la pratique, lorsqu'il s'agit d'un siége à rotonde de forme ordinaire ayant sa ceinture comme celle qui est projetée sur la figure 98, il n'est point nécessaire de projeter les balustres sur les plans d'élévation, les projections en plan horizontal suffisent, car c'est sur ce plan que l'on présente les bâtis pour y relever les directions et les divisions des balustres. Mais il pourrait arriver que l'on eût à exécuter un siége avec ceinture relevée en forme de fauteuil, comme celle qui est projetée sur les figures 95 et 96. Dans ce cas, il serait utile de projeter les balustres sur tous les plans et de considérer leur ligne d'axe comme génératrice de la surface du siége, afin qu'il fût possible d'obtenir avec exactitude autant de points de cette surface qu'il est nécessaire.

A cause de l'angle arrondi du siége, il serait difficile d'apercevoir l'effet que pourrait produire la ceinture relevée au moyen d'une seule projection sur l'une quelconque des figures 95 ou 96. On est obligé de tâtonner un peu pour l'exécution de ces projections; par exemple, en traçant d'abord la courbure $w_1 l_1$ (fig. 96) jusqu'au milieu de l'angle arrondi en l_1. On projette ensuite cette courbe sur la figure 95 de w' en l', et à partir de l' on la termine jusqu'en e', après quoi et au moyen des projections verticales, on pourra obtenir la projection horizontale $e l w$.

GÉNÉRATION DE LA SURFACE DES CAISSES

198. Nous avons exposé (art. 64, 65 et 66, 1re partie), la convention au moyen de laquelle on définit et l'on engendre certaines surfaces en renvoyant à la deuxième partie pour le mode de génération particulier à chaque genre de caisse.

Le mode de génération de surface qu'il convient d'adopter en général doit autant que possible satisfaire aux deux conditions suivantes :

1° La surface dans sa forme doit être ou régulière ou régularisée le mieux possible afin qu'on n'y aperçoive ni proéminence, ni aplatissement ;

2° Le mode de génération doit être choisi de manière qu'il soit facile de déterminer avec exactitude sur la surface autant de points qu'il est nécessaire pour les besoins de la construction. Cette condition est parfaitement remplie quand par un point quelconque de la surface, on peut faire passer deux génératrices.

Des différents genres de surfaces. — Il y a encore beaucoup de praticiens dans l'industrie de la voiture qui s'imaginent que les surfaces peuvent être traitées comme les lignes : que l'on peut sans inconvénient, selon ses inspirations et ses caprices, les aplatir ici, les arrondir là, et leur faire suivre enfin telles sinuosités, telles courbures que la fantaisie peut imaginer.

C'est là non-seulement une opinion fausse, mais une erreur capitale, qu'un examen, même superficiel, fera facilement apercevoir. Il nous suffira pour cela d'appeler l'attention sur les belles surfaces, de rechercher les effets qu'elles produisent au point de vue de l'optique, de comparer ces effets avec ceux qui sont produits par les surfaces défectueuses, et l'on verra que le choix des divers modes de génération qu'il importe d'adopter pour les surfaces de caisses n'a rien d'arbitraire, qu'il a besoin au contraire d'être guidé par une théorie éclairée.

Nous plaçons au premier rang les surfaces régulières qui sont sans contredit les plus belles. On entend par surface régulière celle dont tous les points sont placés de la même manière les uns par rapport aux autres.

Le plan, la surface de la sphère, la surface convexe d'un cylindre droit à base circulaire, sont des surfaces régulières.

Une glace miroir où les objets se reflètent dans leur forme et leur grandeur exacte, a sa surface parfaitement plane; s'il y avait sur cette surface la moindre éminence, le moindre enfoncement, les objets se trouveraient déformés par leur réflexion et la glace serait mauvaise.

Une bille de billard, lorsqu'elle est bien façonnée sur le tour de manière que tous les points de sa surface soient à égale distance d'un point intérieur appelé le centre, nous montre à la fois une surface régulière sur un corps régulier. Le moindre aplatissement dans un endroit de cette surface présenterait une difformité apparente quand même l'aplatissement serait régularisé le mieux possible. Nous en dirons autant de la surface convexe d'un cylindre droit à base circulaire dont tous les points sont à égale distance de l'axe.

Les plus belles surfaces qui viennent ensuite sont celles qui, sans être régulières, ont leurs points soumis à une loi de progression parfaitement graduée. Telles sont, par exemple, la surface convexe d'un cône, d'un ellipsoïde, d'un paraboloïde..., si l'on coupe un cône droit à base circulaire par une série de plans parallèles à la base, les intersections de ces plans avec la surface du cône seront des cercles dont le diamètre va toujours en diminuant à mesure que l'on s'approche du sommet. Il en résulte que la surface s'aplatit, en s'éloignant du sommet; mais cet aplatissement est tellement régulier et progressif qu'il ne présente aucune difformité apparente.

Cette entrée en matière suffit déjà pour faire apercevoir au lecteur les principes qui vont nous guider dans le mode de génération des surfaces et la forme à leur donner. Les surfaces des caisses, étant polies et vernies, reflètent parfaitement les rayons de lumière. Or les irrégularités qu'il pourrait y avoir apparaissent à l'observateur aussi bien que les défauts d'une glace miroir.

En conséquence, dans le choix des surfaces, nous donnons la préférence à celles qui sont régulières et ensuite à celles qui sont le plus régulièrement irrégulières. Nous aurons soin, en outre, à chaque genre de caisse, de discuter les différentes formes de surfaces qui ont été adoptées et de faire apercevoir les irrégularités qu'elles présentent.

199. Génération d'une rotonde de phaéton à panneaux. — Nous adoptons pour les siéges à rotonde une surface conique engendrée par une droite qui, étant assujettie à passer constamment par un point donné de position, se meut en s'appuyant sur la courbe donnée pour base de la surface.

Soit donc (fig. 95, 98 et 99) les élévations et le plan d'un siége à rotonde que nous considérons comme s'il était inscrit dans un siége pyramidal à base carrée, et dont la base $a''c''$, $c''x$ de la moitié du siége serait donnée pour un plan horizontal mené à hauteur de $a'c'$. Dans cette hypothèse, un plan horizontal mené à hauteur de $b'd'$ couperait la surface pyramidale en des droites parallèles aux premières, et dont les projections horizontales sont $b''d''$, $d''g$; où $b''x''$ égale $z_1 b_1$ (fig. 96).

Le sommet de la surface conique doit se trouver dans le plan vertical xy et sur les arêtes de la pyramide; il vient conséquemment se projeter en o, où la projection $c''d''$ de l'arête rencontre xy. On tracera la courbe $xl''a''$ à volonté, c'est-à-dire plus ou moins aplatie dans l'angle, mais en la faisant passer par les points x et a'' qui sont déjà déterminés. On prolongera cette courbe dans sa direction jusqu'à la rencontre de ob'' en u''.

Or, d'après la définition donnée plus haut, la droite génératrice est assujettie à passer constamment par le sommet projeté en o et à s'appuyer sur la courbe $xl''u''$ qui la dirige dans son mouvement. Actuellement la surface conique du siége se trouve donc entièrement déterminée.

200. Nous voici arrivé à l'une des parties les plus intéressantes de la menuiserie en voitures; c'est, lorsque l'on a fixé le mode de génération d'une surface, la forme et la position de ses lignes génératrices, la loi de leur mouvement, de trouver la méthode la plus simple, la plus facile pour déterminer avec exactitude tous les points dont on peut avoir besoin, toutes les lignes et en général l'intersection de toutes les surfaces des bâtis avec la surface donnée.

La méthode généralement employée consiste à couper la surface donnée par une série de plans que l'on a soin de disposer le plus favorablement possible afin de simplifier les constructions. Dans la menuiserie en voitures, on prend ou une série de plans horizontaux, ou une série de plans verticaux, et le plus souvent les deux séries simultanément. L'emploi de l'une ou l'autre de ces séries et des différentes directions que l'on peut donner aux plans verticaux dépend de la nature de la surface donnée et des bâtis que l'on considère. En traitant chaque surface en particulier, nous aurons soin de faire remarquer les avantages que présentent chaque série et chaque direction.

On représente un plan horizontal sur un plan d'élévation, par une droite horizontale, ainsi la droite $a'c'$ (fig. 95) est une horizontale (on peut la considérer dans toute sa longueur $a'a_{11}$) qui représente le plan horizontal mené à cette hauteur et dans lequel serait pris la courbe $xl''a''$.

On représente un plan vertical par une droite verticale sur un plan d'élévation, la droite $h_1 o_1$ (fig. 98) représente le plan vertical passant dans l'axe du siége. Sur un plan horizontal, toutes droites peuvent être regardées comme représentant un plan vertical, c'est ainsi que nous considérons les droites ox, $o17$, $o18$, ol''...

Nous allons déterminer l'intersection de la surface conique avec le dessous du siége qui se trouve dans un plan horizontal $b'd'$.

Les surfaces coniques ont cette propriété : qu'une série de plans parallèles les coupent en des lignes semblables. Or la ligne cherchée $gt''b''$ sera semblable à la première ligne donnée $xl''u''$, de telle façon que l'on ait, par exemple : $xg : go :: l't' : t''o$. Remarquons, en outre, que cette courbe appartenant à un plan horizontal se projettera dans sa forme et sa grandeur exactes sur le plan horizontal de projection (fig. 99).

Il s'agit donc maintenant d'indiquer les méthodes pour déterminer autant de points de cette courbe qu'il sera nécessaire.

Première méthode. — Par un point quelconque l' de la première courbe donnée, menons une tangente à cette courbe ; cette tangente coupera la base pyramidale en des points 13 et 14. Joignons ces points avec le sommet par les droites $13o$, $14o$ que nous considérerons comme les projections des arêtes d'une nouvelle face de la pyramide, laquelle couperait la base suivant 13 14. L'intersection de cette face par le plan horizontal $b'd'$ viendra se projeter suivant une droite 15 16 parallèle à 13 14, et dont les points 15 et 16 sont déterminés par l'intersection des droites $13o$, $14o$ avec gd'' et $b''d''$.

La droite 15 16 est une tangente de la deuxième courbe qu'elle touche au point t''. On pourrait, en menant ainsi une série de tangentes en autant de points l' que l'on voudra de la première courbe, déterminer autant de points t'' de la seconde ; mais, dans la pratique, on se contente du seul point t'', les deux autres g et b'' étant donnés, ces trois points et la première courbe suffisent comme guide pour tracer la seconde courbe avec une approximation très-grande.

Les opérations que nous venons d'indiquer peuvent encore être simplifiées dans la pratique. Ainsi, ayant tracé la tangente 13 14 et la droite $13o$, il n'est point nécessaire de tracer $14o$. Par le point 15 de la droite $13o$, on mènera une parallèle 15 16 à 13 14, sans s'occuper où cette parallèle rencontre $b''d'$; il suffit même de la tracer jusqu'au point t''.

Cette première méthode, qui consiste à couper la surface du siége par des plans horizontaux l'un $a'c'$ à la partie supérieure, et l'autre $b'd'$ à la base, est la méthode la plus expéditive, car on se contente ordinairement des deux courbes $xl'a''$, $gt''b''$ pour exécuter le siége, mais nous allons indiquer une autre méthode, qui sera beaucoup plus élégante et beaucoup plus féconde en raison de son étendue.

Deuxième méthode. — Par le sommet de la surface conique, menons à volonté une série de plans verticaux qui auront leur tracé (fig. 99) suivant ox, $o17$, $o18$, ol'', $o19$, ou''. Chaque plan coupera la surface conique suivant une droite génératrice, et l'on pourra sur ces droites déterminer, par exemple, tous les points où elles rencontrent le plan horizontal $b'd'$. Nous allons indiquer la manière de procéder pour déterminer le point projeté en g, lequel se trouve dans le plan vertical ox et dans le plan horizontal $b'd'$, on procédera de la même manière pour tous les autres points 20, 21, t''..., b''.

Faisons tourner le plan vertical ox autour de cette droite prise pour axe de rotation jusqu'à ce que le sommet projeté en o soit rabattu sur le plan horizontal. Ce sommet viendra s'appliquer sur une droite oO^1 perpendiculaire à ox et à une distance de o égale à h_1o_1. Portant h_1o_1 de o en O^1, ce dernier point est le sommet rabattu sur le plan horizontal prolongé ici dans la figure 95. Joignant par une droite O^1 et x, cette droite est l'intersection de la surface conique et du plan vertical ox.

Si l'on voulait déterminer sur O^1x le point projeté en g,

on porterait la distance h_1g_1 à partir de ox, et la rencontre avec O_1x se trouverait au-dessous de 12 à l'intersection de O^1x et dg. On abaisserait de ce point une ligne de projection qui déterminerait le point g. Portant, au contraire, la distance h_1g_1 de O^1 en O^7 sur la verticale O^1o et par O^7 menant la droite O^7g parallèle à O^1x, on déterminera par ce moyen la projection g appartenant à la seconde courbe.

En prenant la courbe $xl''u''$ pour base de la surface conique par un plan horizontal suivant $a'c'$, le sommet rabattu sur le plan horizontal de projection est venu s'appliquer en O^1 à une distance de o égale à h_1o_1. Si l'on avait pris la courbe $gt''b''$ pour base de la surface par un plan horizontal suivant $b'd'$, le sommet rabattu serait venu s'appliquer en O^7 à une distance de o égale à g_1o_1.

L'opération que nous venons d'indiquer pour le plan vertical mené suivant ox peut s'appliquer pour tout autre $o17$, $o18$..., ou''. Remarquons qu'en faisant tourner ces plans autour de leur trace horizontale, le sommet de la surface conique viendra toujours s'appliquer à la même distance du point o et sur une suite de perpendiculaires menées par ce point à chacune des traces. Or du point o comme centre avec la distance O^1o du sommet à la première base, décrivons l'arc de cercle O^1O^6 et du même centre avec la distance O^7 du sommet à la seconde base, décrivons l'arc de cercle O^7O^{12}. Le sommet de la surface conique pour chaque plan vertical et pour chaque base viendra, dans le rabattement, s'appliquer sur ces deux arcs de cercle. Par exemple, le sommet considéré dans le plan vertical $o17$ viendra pour la première base s'appliquer en O^2 et pour la seconde en O^8. La droite qui joint O^2 et 17 appartient à la surface conique et au plan vertical $o17$. Menant par O^8 une parallèle à $O^2 17$, cette parallèle coupera la droite $o17$ en un point 20 qui appartient à la deuxième courbe. Opérant de la même manière pour les autres plans dont les opérations sont indiquées, on déterminera les points 21, t'', 22, b''.

Avec cette deuxième méthode, au moyen d'une série de plans verticaux, on détermine, comme dans la première, autant de points que l'on veut de la deuxième courbe, mais encore on a pour chaque point de la surface conique sa distance au sommet et pour chaque droite génératrice l'angle qu'elle forme avec la base.

Remarque. — Tout plan vertical pour couper la surface conique suivant une droite doit passer par le sommet, car s'il passait à côté, la ligne suivant laquelle il couperait la surface serait une courbe du genre parabolique ou hyperbolique. Il suit de là : 1° que pour obtenir avec exactitude les angles dièdres des bâtis, soit du dessous de la parclose ou de la ceinture avec la surface du siége, il faut que les lignes qui comprennent l'angle dans chaque face se trouvent dans un plan vertical passant par le sommet ; 2° il en est de même à l'égard de l'arête des barres qui assemblent la parclose avec la ceinture, pour que l'arête soit droite sous le panneau, il faudrait que chacune d'elles se trouvât dans un plan vertical passant par le sommet.

Pour obtenir ce résultat, les barres devraient être coniques de manière que les projections des arêtes, chaque côté, sous le panneau, pour une même barre, concourent à la projection du sommet.

Toute surface conique est une surface développable. Nous allons indiquer, à titre d'exercice, le moyen de développer la moitié du panneau projeté entre les deux courbes de la figure 99.

Prenons à volonté une droite $y\,x'$ pour trace d'un plan vertical passant dans l'axe du siége et un point o'' pour sommet de la surface conique, portons les distances $O^1\,x$ de o'' en x' et $O'\,y$ de o'' en g'; de x' pour centre avec $x\,17$ comme rayon, décrivons un arc de cercle $17'$; portons sur cet arc la distance $O^2 17$ de o'' en $17'$ et joignons ces deux derniers points par une droite $o''17'$ sur laquelle nous porterons la distance $O^2 20$ de o'' en $20'$. Continuant ainsi pour chaque point des deux premières courbes données, nous aurons les points correspondants appartenant aux courbes développées de la figure 100.

Cette méthode est purement spéculative et peu praticable par la raison que rarement l'exécution se rapporte exactement aux conceptions théoriques. Le moyen le plus simple pour relever avec exactitude les dimensions d'un panneau de rotonde est d'appliquer à la place de ce panneau un faux panneau P, sur lequel on trace des lignes en quantité suffisante comme celles qui y sont représentées, afin que l'on puisse mesurer en dessus et en dessous, dans la direction de ces lignes, les quantités qui manquent au faux panneau. On applique ensuite ce faux panneau et toutes les lignes d'opération sur la feuille qui doit donner le panneau réel.

Le mode de génération que nous avons adopté pour une rotonde à panneau diffère sensiblement de celui de la rotonde à balustres, bien que les deux bases soient identiques.

La première surface, celle qui est projetée (fig. 99), a cette propriété que tout plan parallèle à la base coupera cette surface en une ligne courbe semblable à celle de la base, de telle sorte que si la base était circulaire, toutes les sections parallèles seraient circulaires, et la longueur des rayons de chaque courbe serait proportionnelle à la distance de leur centre au sommet. Dans ces conditions, les points de la surface étant soumis à une loi de progression constante, la surface est régulièrement irrégulière.

Ce que nous venons d'exposer s'applique également aux fragments de surfaces projetés (fig. 97) considérés chacun isolément. Nous avons la courbe bt semblable à al et tg semblable à lx, mais l'ensemble btg ne peut être semblable à alx. Pour le démontrer, concevons un plan parallèle à la base mené par le sommet projeté en o, toute la surface du derrière à partir de la ligne d'angle se réduirait en un point, tandis que la surface du côté dont le sommet est plus loin aurait encore une certaine étendue.

200. Génération des surfaces courbes à double courbure. — On fait usage dans la menuiserie en voitures de différents genres de surfaces courbes à double courbures, ou surfaces renflées, que nous nous proposons d'examiner sous trois points de vue différents :

1° En considérant la surface en elle-même, comme si elle était illimitée dans toutes ses directions ;

2° En considérant la surface donnée avec les autres surfaces qui viennent la couper, afin d'examiner l'effet des intersections qui en résultent ;

3° En comparant l'effet que produisent certaines courbures de la surface de la caisse avec les pièces du train.

Nous prendrons d'abord comme exemple de surface courbe à double courbures, ou de surface renflée, un côté de caisse de calèche forme bateau. Faisant une application des principes exposés (art. 198), nous trouvons que le mode de génération le plus parfait qui puisse être appliqué à ce genre de surface, et qui en même temps répond le mieux à toutes les exigences du goût et de la forme, est celui d'un ellipsoïde.

On peut concevoir un ellipsoïde (*fig. 101*, pl. XX) dont le grand et le petit axe A B et C D soient donnés de manière qu'un fragment de sa surface *egf* soit approprié pour la surface d'un côté de caisse de calèche à bateau. Dans l'exemple ci-dessus, la longueur *ef* du côté de caisse est de 1^m70; celle du grand axe A B de l'ellipsoïde, de 3^m40, environ le double de la longueur de la caisse, et celle du petit axe, les deux tiers du grand, soit 2^m27.

La surface de l'ellipsoïde et, par suite, la surface du côté de caisse se trouveront engendrées par la demi-ellipse ADB tournant autour du grand axe fixe AB. Chaque point de la courbe génératrice décrit, dans son mouvement, un cercle dont le plan est perpendiculaire au grand axe, et qui a son centre sur cet axe.

Il s'agit maintenant, pour voir l'effet de ce mode de génération sur la surface du côté de caisse, de projeter sur des plans de projection l'intersection du bas de la caisse avec la surface de l'ellipsoïde. Transportons pour cela la surface que nous considérons sur la figure 102, où les opérations sont faites au dixième de l'exécution.

Les trois plans de projection, P, Q, R, sont disposés comme suit : le plan d'élévation Q coupe l'ellipsoïde en deux parties égales par le grand axe AB, lequel est horizontal et vient se projeter sur le plan horizontal P, suivant la ligne de terre XY, et sur le plan latéral R en un point O_1, qui est sa trace sur ce plan.

Le grand axe AB se trouve placé environ à 0^m15 au-dessus de la ceinture EF, et le plan CD du petit axe coupe le côté de caisse à peu près au milieu de sa longueur, pour que la partie la plus aplatie de la surface de l'ellipsoïde soit dans la porte.

Maintenant, pour déterminer les projections d'autant de points que l'on voudra de la surface de la caisse, le moyen le plus simple est de faire passer par chaque point un plan vertical perpendiculaire au grand axe AB. Ces plans couperont la surface de l'ellipsoïde, chacun suivant un cercle si on la considère tout entière, et suivant un arc de cercle si l'on n'en considère qu'une partie comme nous allons le faire ici. Cette série de plans étant parallèles au plan R, les arcs de cercle suivant lesquels ils couperont la surface, viendront se projeter dans leur grandeur sur ce plan, et suivant une droite perpendiculaire à XY sur les plans P et Q.

Étant donnée à volonté la projection verticale i' d'un point quelconque de la surface, menons par ce point la droite V^eV^e perpendiculaire au grand axe AB. Cette droite sera sur les plans P et Q les traces du plan vertical passant par le point dont la projection verticale est donnée. Le plan vertical V^eV^e coupe la surface de l'ellipsoïde et de la caisse suivant un arc de cercle dont le rayon est la distance $k'l'$ de l'axe à la génératrice. On aura la projection de cet arc de cercle sur le plan R en décrivant du point O_1 comme centre, avec $k'l'$ pour rayon, l'arc de cercle l_1l_2. Menant par i' l'horizontale $i'i_1$, le point i_1 où elle rencontre l'arc l_1l_2 est la projection demandée sur ce plan. Portant ensuite m_1i_1 de k en i, on aura l'autre projection i sur le plan P.

En procédant de même pour tous les autres points dont les projections verticales e', f', g'…, sont données, on aura les projections horizontales correspondantes e, f, g…, où passe la projection de l'arête extérieure du brancard de caisse.

Ici, pour les besoins de la démonstration, nous avons projeté sur l'élévation la moitié de l'ellipsoïde et disposé les autres plans de projection de manière que tous les éléments qui viennent s'y projeter y soient figurés, mais dans la pratique, où la grandeur des tables sur lesquelles on exécute les opérations est ordinairement très-réduite, où l'on est obligé souvent de mêler ensemble toutes les projections, on procédera de la manière suivante :

On exécute sur un calibre la courbure de la branche d'ellipse N D S dans la partie qui sert de génératrice au côté de caisse, et l'on écrit sur ce calibre la longueur du petit axe de l'ellipse que nous avons fixée à $2^m,27$. On tracera à volonté, au moyen de ce calibre, sur le plan P, ou dans le plan Q faute de place, la branche d'ellipse nds et l'on fixera en O_1, soit sur le plan R ou dans le plan Q, la projection du grand axe, qui est le centre de tous les arcs de cercle venant se projeter sur le plan R.

Si par d on conçoit un plan vertical tangent à la surface de l'ellipsoïde et parallèle au plan passant dans l'axe de la caisse, les droites tt, u_1u_2, seront les traces de ce plan sur les plans P et R. Or, pour obtenir la projection horizontale d'un point quelconque de la surface de la caisse dont la projection verticale i' est donnée, on fera passer par cette projection un plan vertical V^eV^e. La distance ul de sa trace comprise entre la droite tt et la génératrice nds est celle qu'il faut porter de u_1 en l_1 ; ou, en d'autres termes, la distance ul, ou $u'l'$, ou u_1l_1 est la différence qu'il y a entre les rayons C D et $k'l'$. Ensuite du point O_1 comme centre avec O_1l_1 pour rayon on décrit l'arc de cercle l_1l_2. Après quoi on mènera la ligne de projection $i'u_2$, laquelle coupe l'arc l_1l_2 en i_1, projection correspondante sur le plan R. Portant u_2i_1 sur le plan P de u en i, ce dernier point est la projection demandée.

Le petit axe de l'ellipsoïde étant de $2^m,27$, le point O_1 doit être placé à $1^m,135$ de la verticale u_1u_2.

Dans le mode de génération que nous venons d'exposer, la courbure de la surface du côté de caisse est de plus en plus prononcée à mesure que l'on s'éloigne du milieu de la porte. Il n'en est pas ainsi dans le mode de génération qui est actuellement le plus usité, et que nous allons faire connaître afin de le comparer avec celui-ci.

201. Mode de génération des surfaces courbes à double courbure actuellement en usage à Paris. — Soit donnée (*fig.* 103) la projection verticale d'un côté de caisse sur le plan Q identique à celle de la figure 102. On trace à volonté dans les plans de projection P et R deux courbes abd, $b_1j_1b_2$, que l'on considère comme les intersections respectives, avec la surface de la caisse, de deux plans H H, V V, le premier horizontal, le second vertical.

On a donné à la première courbe abd le nom de *ligne de renflement*, ou simplement *renflement*, et à la seconde $b_1j_1b_2$ *ligne de devers* et, par abréviation, *devers*.

Ces termes sont assez mal appropriés à la chose qu'ils désignent, car le mot *renflement* ne peut s'appliquer qu'à un corps, tout au plus à une surface, mais jamais à une ligne. Nous en dirons autant du *devers*, et, malgré la consécration de l'usage, nous désignons ici ces courbes par le nom de *génératrice*, qui est leur véritable appellation scientifique.

Cependant, et pour que l'on ne nous taxe point d'un purisme exagéré, nous ferons, dans certains cas, usage de ces termes consacrés à cause de leur concision pour désigner, par exemple, les calibres qui servent à tracer ces courbes : *calibre de renflement ; calibre de devers ;* ce qui est plutôt dit que *calibre de la génératrice horizontale ; calibre de la génératrice verticale.*

Les deux génératrices abd, $b_1j_1b_2$ étant données, voici comment on suppose la loi de leur mouvement pour engendrer la surface de la caisse : Prenant pour directrice la courbe abd dans son plan H H, on suppose que l'autre courbe, prise pour génératrice, se meut de façon : 1° que l'un de ses points b, s'appuie constamment sur la directrice ; 2° que son plan vertical V V, dans son mouvement, reste toujours parallèle à lui-même.

Il suit de cette hypothèse que si l'on considère le plan de la génératrice dans une de ses positions quelconques, $V' V'$, par exemple, cette génératrice viendra se projeter sur le plan R suivant $c_1 c_2$ à une distance $b_1 c_1$ de sa position primitive, égale à fe (la droite gf étant parallèle au plan vertical passant dans l'axe de la caisse).

Au lieu de prendre la courbe abd pour directrice et l'autre $b_1 j_1 b_2$ pour génératrice, on peut prendre la première pour génératrice et la seconde pour directrice. A la condition, comme dans le premier cas : 1° que l'un de ses points b s'appuie constamment sur la directrice ; 2° que son plan horizontal H H se meuve parallèlement à lui-même.

Comme dans l'exemple précédent, si l'on considère le plan de la génératrice dans une de ses positions quelconques, $H' H'$, par exemple, cette génératrice viendra se projeter sur le plan P suivant hih et à une distance ei de sa position primitive égale à $j_1 k_1$ (la droite $b_1 k_1$ étant verticale et conséquemment parallèle au plan vertical passant dans l'axe de la caisse).

On peut donc prendre à volonté l'une ou l'autre de ces deux courbes pour directrice ou pour génératrice ; la loi de leur mouvement étant analogue, la surface qu'elles engendront est identiquement la même.

Maintenant, au moyen de ce mode de génération, nous allons démontrer comment on procède, dans la pratique, pour projeter, sur tous les plans de projection, un point quelconque de la surface de la caisse.

Soit donnée à volonté la projection verticale i' de ce point. On fait passer par cette projection un plan vertical $V' V'$ et une ligne de projection horizontale $i' k_1$. Ensuite on pourra raisonner ainsi pour déterminer, par exemple, la projection horizontale correspondante : si la projection donnée était située en e' dans le plan horizontal H H, la projection horizontale correspondante serait en e sur la génératrice même, puisque, par hypothèse, cette génératrice est l'intersection de la surface de la caisse par le plan horizontal H H, où se trouve la projection e'. Si maintenant, dans le plan $V' V'$, on conçoit la génératrice $b_1 b_2$ et une verticale passant par le point (e, e'), les positions respectives de ces deux lignes seraient évidemment les mêmes que celles de la génératrice $b_1 b_2$ et de la verticale $b_1 k_1$, entre lesquelles la distance $k_1 j_1$, de la ligne de projection qu'elles interceptent, est celle qu'il faut porter sur le plan P de e en i, ce dernier point est la projection horizontale demandée. La distance ei mesure en effet l'évasement de la caisse sur le côté à partir du point (e, e').

On raisonnera d'une manière analogue pour déterminer la projection i_1 sur le plan R en portant fe de j_1 en i_1.

Il nous reste maintenant à faire ressortir la différence qui existe dans les deux surfaces obtenues par les deux modes de génération qui ont été exposés plus haut. Dans le premier, la courbure de la surface du côté de caisse (*fig.* 102) est de plus en plus prononcée à mesure que l'on s'éloigne du milieu de la porte ; puisque le rayon de l'arc de cercle qui touche la surface dans le plan vertical $V^6 V^6$ est plus petit de la longueur $u_1 l$, que celui qui la touche dans le plan $V^4 V^4$; tandis que, dans le second, la courbure reste la même dans les deux endroits.

Il est indubitable que la surface du côté de caisse obtenue par le mode de génération de la figure 102 est plus régulière, plus uniforme que celle qui résulte du mode de génération de la figure 103, par la raison que si l'on prolonge la première dans tous les sens, on obtient une belle surface unique qui est celle de l'ellipsoïde. Tandis que, si l'on prolongeait l'autre de la même manière, loin d'avoir une surface unique, il y aurait une rencontre plus ou moins angulaire qui produirait un mauvais effet.

Mais si l'on considère ces deux surfaces dans la partie limitée par un côté de caisse, la différence est peu sensible et presque imperceptible. Par cette considération et d'autres que nous allons mettre en évidence, nous adoptons de préférence, en raison des facilités d'exécution qu'il donne dans la pratique, le mode de génération de la figure 103.

Il y a sur la surface de presque toutes les caisses un certain nombre de lignes qui se trouvent ou dans un plan horizontal ou dans un plan vertical, c'est-à-dire dans les positions mêmes où sont données les génératrices abd, $b_1 j_1 b_2$. Tels sont, pour un grand nombre de caisses, les pieds d'entrée de porte, les battants et les traverses de porte et de baie, les battants de pavillon, les barres de custode et de brisement... (1). Les intersections que toutes ces pièces ont de commun avec la surface de la caisse peuvent être tracées avec les calibres des génératrices. C'est un moyen beaucoup plus rapide, beaucoup plus précis que celui qui consisterait à déterminer ces intersections par un certain nombre de points, ou de courbures de différents rayons, dans le cas où l'on adopterait le mode de génération exposé à l'article 200.

Enfin, si le premier mode de génération peut s'appliquer à une surface renflée comme celle du côté de caisse que nous avons pris comme exemple, le deuxième mode est

---

(1) Nous ferons remarquer ici que le rayon de courbure est plus petit pour les pièces placées sous les panneaux que pour celles qui arrivent à la surface de la caisse. Par exemple, si la courbe $b_1 j_1 b_2$ (*fig.* 103), qui touche la surface de la caisse dans le plan V V a $1^m,135$ de rayon, l'épaisseur de la moulure et du panneau ayant ensemble $0^m,016$, le rayon de courbure de la barre qui serait sous le panneau en cet endroit devant être diminué de cette quantité aura $1^m,119$. Mais, cette différence étant imperceptible dans la pratique, on n'en tient pas compte.

encore le seul qui puisse être pratiqué pour les surfaces courbes gondolées, ou à double courbure.

202. Effets des intersections de surfaces en raison de la courbure plus ou moins prononcée des côtés de caisse. — Afin d'éviter toute fausse interprétation, nous allons donner quelques définitions des termes consacrés dans la pratique pour indiquer la forme des surfaces renflées et leur degré de courbure.

On désigne sous le nom de surfaces renflées toutes les surfaces convexes telles que celle du côté de caisse de la figure 104. Dans ce cas, les lignes de renflement et de devers $a\,b\,c$, $b_1 j_1 o_1$ n'ont qu'une courbure dont la convexité est tournée vers l'extérieur de la caisse.

On nomme surfaces gondolées celles qui sont en même temps convexes et concaves. La porte du landau (*fig.* 107) est dans ce cas, bien que des deux génératrices il n'y ait que le devers $b_1 j_1 o_1$ dont la courbure est gondolée.

On mesure le degré de renflement ou de devers par la différence des largeurs de caisse. Pour faciliter cette mesure, on mène des droites telles que $g\,d$ et $b_1 p_1$ (*fig.* 104) parallèlement au plan vertical passant dans l'axe de la caisse, et ordinairement tangentes aux génératrices ou les coupant en un point à la hauteur duquel les largeurs sont données.

Dans l'exemple ci-dessus, si la largeur de la caisse est donnée à la hauteur du point b', soit $1^m,28$ cette largeur, on aura la largeur au point c' en retranchant de $1^m,28$ deux fois la distance $c\,d$, laquelle est ici de $0^m,13$. On retrancherait de même de $1^m,28$ deux fois la distance $o_1 p_1$ pour obtenir la largeur à hauteur du point o'.

Nous allons passer maintenant à d'autres considérations, dont l'objet est de rechercher, dans la composition générale, les effets que peuvent produire certaines intersections combinées avec le mode de génération adopté et son degré de courbure.

Nous prendrons d'abord pour exemple les figures 104, 105 et 106. La courbure $c'\,i'$ (*fig.* 104) du derrière de la caisse est sensiblement dans les meilleures conditions possibles. L'intersection qu'elle produit dans le brisement avec la surface du côté est projetée sur la vue de l'arrière en $c_1 i_1$. (On trouvera les points de cette projection et de toutes celles de cette planche en procédant comme il est dit article 201.)

Si, à la place de la courbure $c'\,i'$, on donnait une courbure beaucoup plus prononcée, $c'\,l'$ par exemple, l'angle projeté en l' paraîtrait sortir en dehors de la caisse et produirait un mauvais effet, ainsi que l'on peut s'en rendre compte par la projection correspondante $c_1 l_1$.

Les intersections produites par les courbures en forme de carrick (*fig.* 105) et la forme en G (*fig.* 106) sur la surface du côté de caisse, obtenue avec les mêmes renflement et devers, paraissent toujours un peu tortueuses ; elles le

paraîtraient encore davantage si la courbure du côté de caisse était plus prononcée.

L'examen des trois figures 104, 105 et 106 semble justifier pleinement le goût général qui adopte de préférence la courbure projetée suivant $c'\,i'$ (*fig.* 104). Les intersections sur le côté de caisse des autres courbures produisent des lignes qui paraissent toujours irrégulières, bien que chacune des surfaces initiales soit irréprochable dans sa forme.

La figure 107 représente une caisse de grand landau carré avec portes descendant très-bas. La ligne de renflement a la même forme que celle du coupé ; sa courbure est seulement un peu moins prononcée. Mais le devers est gondolé de manière que dans la hauteur $b_1 j_1$ des brisements toute la surface du côté de caisse est convexe, tandis que dans le bas de la porte la surface est convexe dans le sens horizontal et concave dans le sens vertical.

Ce mode de génération est très-satisfaisant pour ces grands landaus ; il produit au contraire un mauvais effet appliqué à un coupé, à cause de l'intersection difforme qu'il donne à l'angle du pied de devant, difformité provenant de la courbure concave du devant du pied.

Si l'on compare le devers du coupé avec celui du landau, on verra que ce dernier est beaucoup plus arrondi dans la partie $b_1 j_1$, de telle façon que la distance $j_1 k_1$ est environ moitié plus grande qu'à celle du coupé, mesurée à la même distance de la ceinture dans les deux caisses.

Il suit de là que l'on peut donner à l'avant et à l'arrière du landau une courbure $c'\,l'\,i'$ beaucoup plus inclinée et plus prononcée que la courbure $c'\,i'$ donnée à l'arrière du coupé. Celle que nous avons adoptée ici donne une intersection $(c'\,l'\,i',\ c_1 l_1 i_1)$ très-satisfaisante.

La figure 108 représente une caisse de calèche de forme surannée, car il y a quinze ans au moins que l'on n'en fabrique plus sur ce modèle. Le renflement et le devers adoptés ici donnent pour l'intersection de l'arrière de la caisse un très-bon résultat. Mais l'échancrure $a'\,b'\,c'$, que l'on nomme *col de cygne*, produit sur le côté de la caisse une mauvaise intersection, dont l'irrégularité est parfaitement figurée par la projection horizontale $a\,b\,c$. Bien que la surface du côté de caisse soit très-régulière, elle paraît faire une bosse assez prononcée au point $(b,\ b')$. Aussi, pour atténuer cette bosse apparente, les menuisiers aplatissaient la surface de la caisse en cet endroit. Mais le remède était souvent pire que le mal : l'aplatissement de la surface en un point produit l'effet d'une glace difforme quand la voiture est polie et vernie.

On a abandonné le *col de cygne* pour la forme bateau, et, dans l'exemple ci-dessus, on voit que l'intersection représentée par la ligne ponctuée $(d\,e\,f,\ d'\,e'\,f')$ produit un effet beaucoup plus satisfaisant que la première.

Une mauvaise intersection peut être produite aussi par les formes et les disproportions des génératrices. La figure 109 va nous en donner un exemple frappant. La ligne de renflement $a\,m\,n\,c$ a sa courbure très-prononcée à ses extrémités et très-aplatie en son milieu à l'endroit de la porte. Il y a des carrossiers qui exigent cette forme pour compenser un effet d'optique, lequel fait paraître plus plates qu'elles ne sont réellement les surfaces finissant en pointe comme les brisements de cette caisse.

Si avec cela on donne peu de devers, de façon qu'il y ait une grande différence entre les distances $c\,d$ et $g_1\,h_1$, et si, de plus, la courbure du devers est arrondie dans le bas et aplatie dans le haut, comme elle est représentée ici, on aura une intersection du côté et du dessous de la caisse des plus difformes.

Il suffit de jeter un regard sur les projections $a\,b\,i\,c$, c, i, g, pour apercevoir le mauvais résultat qu'elle produit, surtout dans la partie projetée en $(c\,i,\,c_1\,i_1)$. Pour remédier un peu à cette difformité, on donne du gauche dans la surface du côté de caisse, afin que l'intersection vienne se projeter sensiblement sur la ligne ponctuée $c_1\,i_1\,g_1$; mais le gauche que l'on donne ainsi, pour être convenablement réparti, devra s'étendre jusqu'au milieu de la porte : on sera forcé de prononcer la courbure de celle-ci par le bas. Le résultat que l'on voulait obtenir se trouve ainsi en partie annulé.

Les exemples que nous venons de donner nous paraissent suffisants pour faire apercevoir que la composition d'une caisse exige des connaissances assez étendues sur les procédés de la menuiserie en voitures, afin que l'on puisse toujours s'assurer à l'avance des résultats que donneront certains modes de génération combinés avec les intersections de surfaces.

203. Surfaces gauches. — Quand les intersections faites sur la surface d'une caisse par deux plans horizontaux donnent deux lignes droites qui ne sont pas dans un même plan, ou deux lignes courbes qui ne sont pas semblables, on dit, en termes de menuiserie en voiture, que la surface est gauche.

Pour donner une idée des surfaces gauches qui sont quelquefois usitées dans cette industrie, nous avons choisi un type d'une forme surannée, mais où l'on faisait diverses applications des gauches. C'est un clarence (pl. XXII), dont le côté de la caisse et celui du coffre ne forment qu'une seule et même surface.

Nous allons, sur cette caisse, indiquer les moyens pratiques les plus usités pour obtenir des surfaces gauches dans trois conditions différentes, lesquelles, à l'exception de surfaces tout à fait exceptionnelles, comme celle d'un coffre-tonneau, nous semblent renfermer des éléments d'application suffisants pour les besoins usuels de la menuiserie en voitures.

Premier cas : gauche de la surface d'un custode. — Nous considérons le custode C dans la partie projetée par le périmètre $a'\,b'\,c'\,d'$ (*fig.* 111) (1). Il y a des genres de voitures, telles que les berlines, les coupés simples ou trois-quarts, où l'on fait les caisses de même largeur à la hauteur des points a' et b'. Ce mode de construction est commandé par la forme rectangulaire des glaces et des baies du devant de la caisse; mais on fait aussi le custode de même largeur à la hauteur des points c' et d'. Il suit de là que la projection horizontale a correspond aux projections verticales a' et b', et la projection $c\,d$, parallèle à $X\,Y$, correspond à la projection verticale $c'\,d'$ de l'arête.

Or, la courbe $a\,m\,c$ représentant le renflement de la caisse suivant $b'\,c'$, le renflement suivant $a'\,d'$ sera représenté par une courbe qui passera par les points a et d, et qui devra venir se raccorder en a de façon que l'angle aigu que forment les deux courbes $a\,c$ et $a\,d$ soit complètement annulé en ce point.

C'est la différence du parallélisme des courbes $a\,c$ et $a\,d$ qui exprime le gauche du custode.

En exécution, on trace le dessous de l'accotoir A d'après le renflement $a\,c$, et le dessous du battant de pavillon B suivant la courbe $a\,d$.

Dans les landaus à deux capotes, où la baie du devant est très-étroite, on peut faire la caisse plus large en haut qu'à la ceinture. Cette disposition facilite même la descente des glaces de porte et permet de diminuer un peu la largeur des battants de celle-ci. Alors le renflement suivant $a'\,d'$ pourrait se projeter horizontalement par une courbe menée du point d parallèlement à $a\,c$. Ou, si les deux courbes sont identiques, toutes les lignes de projections comprises entre elles seraient d'égale longueur.

Deuxième cas : Gauche d'une surface ayant différentes formes, mais d'une courbure peu prononcée. — Nous considérons la surface de côté en avant de la caisse dans la partie projetée entre les lignes $a'\,b'$ et $c'\,d'$ (*fig.* 110).

La section faite suivant $a'\,b'$ sur la surface de la caisse est une droite qui se projette en $a_1\,b_1$, tandis que la section suivant $c'\,d'$ est une courbe qui se projette en $c_1\,d_1$. Le renflement $o\,p$ étant donné dans le plan horizontal HH, et les deux devers $a_1\,b_1$ et $c_1\,d_1$ aux endroits que nous venons d'indiquer, il s'agit maintenant de déterminer la position des points intermédiaires de la surface placés entre $a'\,b'$ et $c'\,d'$.

Nous allons procéder pour un point quelconque, celui par exemple qui est projeté en g'; on procédera de la même manière pour tous les autres points.

Si le point considéré était projeté en h', sa projection horizontale serait en h sur le renflement; mais il reste à déduire le devers. Pour en trouver la quantité qui doit être

(1) Nous séparons la caisse en deux figures par le plan vertical VV. Toute la partie à gauche appartient à la figure 110, et toute la partie à droite à la figure 111. La figure 112 comprend la caisse dans toute sa longueur.

donnée à hauteur du point g', nous raisonnerons ainsi : Si le point considéré était projeté en i', le devers qu'il y aurait en ce point serait exprimé par la distance $j_1 i_1$. Portons cette distance de j en i, à partir d'une droite E F. Si, au contraire, le point était projeté en k', le devers qu'il y aurait en ce point serait exprimé par la distance $k_1 l_1$, différence entre le devers $a_1 k_1$ et la verticale $m_1 l_1$. Portons encore cette distance de l en k à partir de la même droite. Mais le point considéré n'est projeté ni en i' ni en k', il est projeté dans une position intermédiaire g' : il doit conséquemment y avoir là, pour la caisse, un devers intermédiaire à ceux qui s'y trouvent en i' et en k'.

Joignant par une droite i et k, la distance $m n$, sur la ligne de projection du point g', exprimera sensiblement le devers de la caisse à hauteur de ce point. Il ne reste plus qu'à porter cette distance de h en g, et le point g sera la projection horizontale demandée.

On remarquera que $m n$ ou $g h : i j : : k' g' : k' i'$. Il s'ensuit que la méthode d'après laquelle nous avons procédé répartit le gauche sur la surface en quantités proportionnelles. Cette méthode, très-expéditive, est suffisante lorsqu'il s'agit d'une surface dont la courbure est peu prononcée et où il y a peu de gauche. Mais si, au contraire, la courbure de la surface était très-prononcée et qu'il y eût beaucoup de gauche, sa répartition en quantités proportionnelles produirait une surface dont le raccord laisserait beaucoup à désirer avec la partie de la surface qui n'a pas de gauche. L'exemple suivant en montrera l'évidence.

Troisième cas : Gauche dans une partie de la surface d'une courbure très-prononcée. — Nous considérons la partie de la surface de la caisse projetée dans le périmètre $c' c' i' f'$ (*fig.* 111), et, comme la courbure $c' i' f'$ est fort irrégulière, nous supposons d'abord que la surface s'étend jusqu'au point g' ; qu'elle est limitée en dessous par un plan horizontal suivant $f' g'$, et en arrière par un plan vertical suivant $c' g'$. Nous transportons le plan horizontal de projection dans la figure 112, et nous supposons la surface de la caisse comme si elle n'avait pas de devers, de telle façon que son intersection par un plan vertical VV soit une droite qui vienne se projeter sur le plan horizontal en un point unique e'.

La courbe $v' c' m' c'$ exprime le renflement de la caisse que l'on donne ordinairement dans le plan horizontal HH (*fig.* 110 *et* 111); mais, dans l'hypothèse où l'on considère la surface du côté de la caisse sans devers ni gauche dans les figures 110 et 111, cette surface viendrait se projeter tout entière sur la courbe $v' e' m' c'$ dans le plan horizontal (*fig.* 112.)

On propose maintenant de donner un gauche, de telle sorte que la surface considérée dans sa projection extrême g' (*fig.* 111) ait pour projection horizontale correspondante le point g'.

L'objet de nos recherches consiste à trouver la meilleure forme que l'on puisse donner à la courbe $e' j' g'$, que nous considérons comme l'intersection de la surface gauche par un plan horizontal $f' g'$. Nous en déduirons une loi applicable à toutes les autres sections que l'on pourrait faire, soit horizontalement, soit verticalement, sur la surface gauche.

Concevons un plan vertical tangent à la surface de la caisse, à l'endroit le plus large ; il la touchera suivant la verticale VV et sa trace sur le plan horizontal sera la droite $x' y'$ parallèle à X Y. Cette droite $x' y'$ est tangente à la courbe $v' e' c'$ et la touche en e'; or, elle doit être aussi tangente à la seconde courbe $e' j' g'$ et la toucher au même point, sans quoi cette seconde courbe formerait un angle au point e' avec la tangente et ne se raccorderait pas avec l'autre courbe $v' e'$.

Si la courbe $e' m' c'$ était circulaire, et qu'elle eût son centre sur la droite VV, il est évident que la seconde courbe $e' j' g'$ devrait être circulaire aussi et avoir son centre sur la même droite. Dans cette hypothèse, la droite $x' y'$ serait tangente aux deux courbes, et le gauche se trouverait réparti sur la surface, considérée actuellement à sa partie inférieure $f' g'$, dans les conditions les plus parfaites.

Ce sont précisément les propriétés des lignes circulaires qui vont nous fournir le moyen d'indiquer la meilleure forme qu'il faudrait donner à la courbe $e' j' g'$.

Transportons pour cela les opérations de la figure 112 sur la figure 113, placée en regard, en y portant les distances $e' y'$, $y' c'$, $c' g'$ aux endroits correspondants indiqués par les mêmes lettres. Traçons la verticale V' V', sur laquelle les courbes auront leur centre. Des points c et g abaissons les perpendiculaires $a c$ et $b g$ sur V' V' : ces droites sont les demi-cordes des arcs de cercle passant par c et g.

On démontre, en géométrie élémentaire, que les demi-cordes sont moyennes proportionnelles entre les deux parties du diamètre qu'elles divisent, et dont une partie est la flèche de la corde. Or, connaissant la longueur des demi-cordes, qui est ici de $0^m,80$, et leur flèche, qui est de $0^m,15$ pour la première courbe, distance $a e$, et de $0^m,30$ pour la seconde distance $b e$, on trouvera que le diamètre de la première courbe $c m c$ est de $4^m,41\frac{2}{3}$ et le diamètre de la seconde $e j g$ de $2^m,43\frac{1}{3}$.

Ayant la grandeur des diamètres, il sera facile ensuite de déduire, par un calcul arithmétique, la flèche des courbes en un point quelconque. Prenant sur chacune d'elles un point m et un point j, situés à $0^m,40$ du diamètre V'.V', on trouve que la flèche $m n$ de la première est de $0^m,03653$, et la flèche $j n$ de la seconde de $0^m,06768$, ce qui donne pour la distance $m j$ $0^m,03115$. Ainsi le gauche, qui serait réparti dans ces conditions sur la surface projetée dans le rectangle $e' c' f' g'$ (*fig.* 111 et 112), mesuré dans le plan horizontal $f' g'$, ayant $0^m,150$ de c' en g', à une distance de $0^m,80$ du plan vertical V V, n'aurait plus que $0^m,03115$, à $0^m,40$ du même plan, tandis que s'il était réparti proportionnellement sur la surface, la distance $j\,m$ (*fig.* 113) serait de $0^m,075$. Alors la réunion des deux courbes au point e formerait un angle.

En portant les distances $m\,n$ (*fig.* 113) de m^1 en n^1 (*fig.* 112), et $m\,j$ de m^1 en j^1, ce dernier point sera très-sensiblement un des points de la courbe $e^1\,g^1$.

On procéderait ensuite dans le sens vertical comme on a fait ici dans le sens horizontal. Et si le devers donné était une courbe circulaire, toutes les sections verticales faites sur la surface gauche, par des plans parallèles à VV donneraient des courbes circulaires aussi.

C'est à M. Zablot que nous devons l'idée de ne pas répartir les gauches proportionnellement à la surface. Nous avons exposé la théorie qu'il a donnée sur cette matière dans la livraison du *Guide du Carrossier* du 15 novembre 1861. Depuis, M. Albert Dupont a donné une autre théorie qui, dans les conditions ordinaires de la pratique, ne diffère pas sensiblement ni de celle de M. Zablot, qui s'y est rallié, ni de celle que nous venons d'exposer ici. Elle consiste à répartir le gauche de telle façon que, dans les données de la figure 112, $g^1\,c^1$ étant égal à $c^1\,y^1$, $j^1\,m^1$ serait aussi égal à $m^1\,n^1$, et dans tous les cas, quelles que soient les grandeurs, on aurait $g^1\,c^1 : c^1y^1 :: j^1m^1 : m^1n^1$, c'est-à-dire que le rapport de la deuxième courbe, dans sa forme $e^1\,g^1$, serait à la première $e^1\,c^1$ comme celle-ci est à la tangente $c^1\,y^1$. Or, la longueur que nous avons trouvée pour j^1m^1 est de $0^m,03115$; celle que donnerait la méthode de M. Dupont serait de $0^m,03653$.

La quantité de gauche que nous avons donnée aux figures 112 et 113 est considérablement exagérée. Elle était utile ici pour frapper l'attention du lecteur ; mais, dans les conditions ordinaires de la pratique, c'est tout au plus si l'on en pourrait donner la cinquième partie. Alors la différence qu'il y aurait avec la méthode de M. Dupont serait tout à fait insignifiante. Et comme la sienne est beaucoup plus expéditive que celle-ci, pour laquelle il faudrait procéder dans le sens vertical $c'\,g'$ comme on a fait dans le sens horizontal, et de plus diviser toute la surface gauche en quatre ou cinq sections horizontales ou verticales, afin de déterminer pour chacune la forme des lignes d'intersection ; l'opération finale serait très-longue. Aussi nous rallions-nous à la méthode de M. Dupont, pour l'application de laquelle il a indiqué un moyen très-ingénieux, dont l'objet est de procéder en même temps sur le renflement et sur le devers.

Méthode de M. Albert Dupont. — Nous considérons la surface (*fig.* 111) projetée dans le périmètre $e'\,c'\,i''\,f'$ dont le renflement $e\,m\,c$ est donné suivant $e'\,c'$, et le devers $e_1\,r_1\,f_1$ suivant $e'\,f'$. On propose de fixer une quantité de gauche de telle façon que le point projeté en i_1, sans gauche, sur la vue du derrière, vienne se projeter en j_1 avec le gauche.

Actuellement, si l'on considère la surface sans gauche, la section verticale faite suivant $m'\,i'$ couperait la surface de la caisse en une courbe, identique au devers, qui vient se projeter dans sa grandeur en $m_1\,i_1$ (*Méthode,* art. 204). Mais, si on la considère avec le gauche que nous proposons, la courbe passera par les points m_1 et j_1, et de manière que le rapport des deux courbes $m_1\,i$, avec $m_1\,j_1$, soit le même que celui de la verticale $e_1\,n_1$ avec le devers $e_1\,f_1$ ou $m_1\,i_2$. La même analogie existera pour toutes les autres sections verticales que l'on voudrait faire sur la surface gauche, par rapport au devers, et pour toutes sections horizontales par rapport au renflement.

Moyen d'exécution. — On mène à la courbe de renflement, parallèlement à XY, une tangente $e\,y$ qui touchera cette courbe en e à l'endroit le plus large de la caisse. On trace ensuite à volonté une droite $d\,p$ qui coupe la tangente au point n. Ayant fixé la quantité de gauche que l'on veut donner à la hauteur du point projeté en i' (on pourrait la fixer en tout autre point), on porte d'abord la quantité de devers $r_1\,s_1$ de m en i, puis le gauche $i_1\,j_1$, par exemple, de i en j ; ce dernier point appartiendra à la projection horizontale de l'arête extérieure du brancard de caisse.

La distance $m\,j$, qui comprend le devers et le gauche, est une donnée première qui règle le gauche pour toute la surface comprise dans la partie $e'\,c'\,i''\,f'$. C'est de la grandeur de cette quantité que dépend la forme du triangle proportionnel $d\,p\,q$, qui sert à répartir le gauche sur la surface dans les proportions que nous avons indiquées, et sur la construction duquel nous appelons toute l'attention du lecteur.

Menant par les points e, o, m..., des parallèles à X Y, ces droites couperont $d\,p$ en n, o_2, m_2... On trace par ces derniers points les droites $n\,f_2$, $o_2\,l_2$, $m_2\,j_2$..., parallèlement aux lignes de projection $e\,f'$, $o\,t'$... On porte ensuite $s_1\,r_1$, qui exprime le devers de la caisse au point r', de n en r, et $m\,j$, qui exprime à la fois le devers et le gauche au point i', de m_2 en j_2. Puis, par les points j_2 et r ainsi déterminés, on trace une droite qui coupera $d\,p$ au point p, et qui déterminera en ce point le sommet de l'angle ou du triangle proportionnel.

Ceci posé, il nous reste à démontrer la manière de déterminer la projection horizontale d'un point quelconque de la surface de la caisse comprise dans la partie $e'\,c'\,i''\,f'$, par exemple celui dont la projection verticale t' est donnée. On portera la quantité $s_1\,u_1$, qui exprime le devers au point u', de n en u sur la droite $n\,f_2$; ensuite, par les points p et u, on tracera la droite $p\,u$ qui coupera $o_2\,l_2$ en l_2. La distance $o_2\,l_2$ exprime le devers et le gauche à la hauteur du point t', on la portera de o en t, et ce dernier point sera la projection horizontale demandée.

Remarques sur les gauches. — Rappelant ce que nous avons dit article 198 : *Les plus belles surfaces sont les plus régulières*, nous engageons les praticiens à ne donner du gauche que quand on ne peut pas faire autrement, et, dans le cas où l'on y serait obligé pour satisfaire à quelque considération de goût et de mode, en donner le moins possible.

Une longue expérience dans la pratique du dessin et un grand nombre de remarques sur les caisses fabriquées nous ont démontré que beaucoup de menuisiers en voitures mutilaient la surface des caisses en y donnant du gauche en trop grande quantité. Ce sentiment est partagé par des praticiens très-habiles, notamment par MM. Zablot et Albert Dupont.

Que l'on donne un peu de gauche dans une grande surface comme celui que nous avons indiqué pour le custode, ou dans un coffre formant même surface avec la caisse (art. 203, premier et deuxième cas), il y a là en quelque sorte des données qui y obligent. Encore pour le coffre est-il préférable que sa surface soit franchement séparée de celle du corps de la caisse par une moulure ou une saillie. Mais, pour le dessous de la ceinture des caisses de toutes les surfaces renflées, on peut très-bien se dispenser d'y donner du gauche, en se conformant, dans la composition, aux prescriptions indiquées à l'article 202.

Deuxième méthode pour la division des balustres et la génération de la surface d'une rotonde de phaéton.

204. Dans la méthode que nous avons exposée (art. 196), nous placions un balustre dans l'angle arrondi de la rotonde, en faisant observer toutefois que, s'il y avait une trop grande différence entre les distances des balustres de derrière et du côté, on pourrait déplacer un peu celui de l'angle.

La méthode que nous allons démontrer a pour objet d'espacer également tous les balustres à la hauteur de la ceinture. Or, comme les deux côtés de la rotonde sont symétriques, il nous suffira d'opérer sur un seul.

Soit donc $a\,c\,d$ (fig. 115) la projection de la courbe, intersection de la ceinture et du plan horizontal $a'\,d'$ (fig. 114). On procèdera sur cette courbe à la division des balustres en partant des points a ou d. Après avoir opéré ces divisions $a\,1$, 1-2..., $9\,d$, on tracera par le balustre du point c, c'est-à-dire celui qui se trouve à l'angle arrondi, les droites $c\,a$ et $c\,d$; ensuite par les points b et e, déterminés comme il est dit plus loin, on mènera à ces deux droites des parallèles qui se couperont en f. On joindra les points c et f par une droite que l'on prolongera jusqu'à la rencontre de $a\,b$ au point n.

C'est la droite projetée en $c\,n$ qui divisera la partie de la rotonde, représentée par moitié jusqu'à $x\,d$, en deux fragments de surfaces coniques. Le point où elle perce le plan vertical passant dans l'axe suivant $x\,d$ est projeté en o; il détermine le sommet où concourent les balustres de l'arrière, et le point n est la projection du sommet où concourent les balustres de côté. Joignant ensuite le point n avec les divisions 1, 2, 3 et 4 pour le côté, et le point o avec les divisions 5, 6, 7, 8 et 9 pour le derrière, on aura les projections de l'axe des balustres sur le plan horizontal.

On peut considérer maintenant l'axe des balustres dans chaque fragment comme autant de génératrices de la surface. Si, en effet, on conçoit une droite génératrice assujettie à passer constamment par le point projeté en n et par la courbe $a\,c$, elle engendrera le fragment de surface conique sur le côté de la rotonde. Si maintenant, dès que la droite vient se projeter en $c\,o\,n$, elle continue son mouvement en passant constamment par le point qui se projette en o et par la courbe $c\,d$, elle engendrera la partie de la surface conique du derrière de la rotonde.

Ce mode de division des balustres et celui de génération de la surface sont les plus parfaits que l'on puisse adopter pour une rotonde. Il nous reste maintenant à déterminer l'intersection de la courbe $b\,f\,e$ avec le plan horizontal $b'\,e'$ passant sous la parclose.

Les points b et e de cette courbe sont déjà donnés : le premier b par la distance $g_1\,b_1$ (fig. 117) que l'on a portée de g en b, et le second e par la ligne de projection $e'\,c$. Si l'on considère les triangles $a\,n\,c$, $c\,o\,d$ comme les projections de faces de pyramides renversées ayant leurs sommets projetés en n et o, et les droites $a\,c$ et $c\,d$ données comme base dans le plan horizontal $a'\,d'$, le plan horizontal $b'\,e'$ coupera les côtés de ces pyramides en des droites parallèles aux premières. Les projections de ces droites ne sont autres que $b\,f$ et $f\,e$ respectivement parallèles aux droites $a\,c$ et $c\,d$. Or, le point f de leur intersection est un point de la courbe.

Enfin, si l'on considère comme une droite chaque élément de la première courbe $a\,c\,d$ compris entre deux balustres, chaque élément correspondant de la seconde courbe sera parallèle au premier. Or, pour tracer la projection de la seconde courbe, on mènera par les points donnés des parallèles aux éléments connus, par exemple $b\,10$ parallèle à $a\,1$, 10-11 à 1-2, et ainsi de suite; après quoi on fera passer la courbe par tous les points ainsi déterminés sur les projections des balustres.

Pour transporter ensuite sur les bâtis les opérations faites sur les plans de projection, on remarquera que le dessous de la parclose projeté suivant $b'\,e'$ se trouvant dans un plan horizontal, son intersection avec la surface conique est représentée dans sa grandeur exacte par la courbe $b\,f\,e$ que l'on transportera sous la parclose au moyen des calibres qui ont servi à la tracer. Il n'en est pas de même du dessous de la ceinture, la courbe $a\,c\,d$ est l'intersection de la surface conique et d'un plan horizontal suivant $a'\,d'$;

tandis que le plan du dessous de la ceinture est incliné suivant $h'\,d'$; mais la différence de courbure est si peu sensible, que l'on n'en tient pas compte dans la pratique.

Cependant, si l'on voulait opérer régulièrement, on procèderait comme il a été dit à l'avant-dernier paragraphe de l'article 195 ; puis, par un mouvement de rotation autour de l'axe du point d', on rabattrait le plan $d'\,h'$ sur le plan $d'\,a'$ et on déterminerait ensuite (fig. 115) les nouvelles projections de la courbe $a\,c\,d$.

Reste maintenant à corroyer la surface conique des bâtis et à y transporter ensuite les directions des balustres. On considérera les projections de celles-ci sur la figure 115 comme les traces d'une série de plans verticaux.

Or, nous savons qu'un plan est donné de position par deux droites qui se coupent. Il nous suffira, pour un plan vertical quelconque passant dans l'axe d'un balustre, d'indiquer la manière de tracer ces deux droites ; elles nous serviront à la fois pour déterminer les angles dièdres et les directions des balustres sur la parclose et la ceinture.

Soit donc $o\,c$ la trace du plan vertical passant par l'axe du balustre projeté suivant $f\,c$. Ce plan fait deux sections, l'une dans la parclose, l'autre dans la ceinture. Nous allons rabattre ces sections sur le plan horizontal, en les faisant tourner autour de la trace $o\,c$, prise comme charnière.

Par les extrémités o et c menons à la droite $o\,c$ les perpendiculaires $o\,h^2$, $c\,c^2$, et portons sur ces dernières les distances $i'\,h'$ et $j'\,c'$ du dessous de la parclose, au-dessous de la ceinture, de o en h^2 et de c en c^2. Joignons par des droites $c^2\,h^2$ et $c^2\,f$, les angles $o\,f\,c^2$ et $h^2\,c^2\,k$ sont les angles dièdres de la parclose et de la ceinture dans le plan vertical suivant $o\,c$.

Les angles dièdres dans le plan vertical $o\,d$ sont donnés par les droites $i'\,c'\,y'$ et $h'\,d'\,y'$. Ils sont encore donnés très approximativement pour les côtés en avant par l'angle $a_1\,b_1\,c_1$. Il suffit, pour corroyer les bâtis avec une approximation suffisante, des angles dièdres aux trois endroits que nous venons d'indiquer ; mais si l'on voulait encore plus de précision, on pourrait rabattre deux plans verticaux intermédiaires ayant leur trace suivant $n\,3$ et $o\,7$.

On remarquera que les deux droites qui comprennent un angle dièdre, dans chaque plan vertical (à l'exception de celui du milieu $o\,d$), ne sont point dirigées perpendiculairement à l'arête d'intersection des deux faces. Il est visible, par exemple, que la droite $o\,7$ n'est point normale aux courbes $b\,f\,e$ et $a\,c\,d$. Aussi, pour corroyer les bâtis suivant les angles donnés dans chaque plan vertical, ainsi que pour tracer les directions des balustres sur la surface courbe, il faudra préalablement déterminer les traces de ces plans en dessus et en dessous des bâtis, en procédant de la manière suivante :

Après avoir tracé, par exemple, sous la parclose, la courbe $b\,f\,e$, on enlève extérieurement tout le bois jusqu'à cette courbe. On place ensuite le dessous de cette parclose sur le plan, de manière que son contour extérieur coïncide bien avec la courbe $b\,f\,e$. Dans cette position, on marque avec la pointe sur le dessous de la parclose, intérieurement et extérieurement les directions des projections des balustres. On marque de même cette direction sur le dessus de la parclose, mais avec une règle dont l'arête, servant de guide à la pointe à tracer, doit passer par le point n pour les directions de côté, et par le point o pour celles de l'arrière. De plus, pour que l'arête de la règle soit dans un plan vertical avec les projections correspondantes des balustres, on fera marcher cette règle avec une équerre en faisant glisser une des branches sur le plan horizontal jusqu'à ce que l'autre, qui doit toujours être dans une position verticale, corresponde à l'une des traces. La règle alors sera bien placée pour tracer la direction sur la parclose.

En suivant exactement ces prescriptions, et après avoir joint par des droites, sous la parclose, les directions indiquées par des points, on pourra corroyer la surface courbe suivant les angles dièdres qui auront été déterminés. On aura seulement soin d'appliquer la branche femelle du beauveau (fausse équerre) sous la parclose, suivant les directions qui auront été relevées ; l'autre branche prendra naturellement la direction que nous lui avons assignée, en venant correspondre avec les traits tracés sur la parclose.

Ainsi, pour l'angle dièdre $o\,f\,k$, par exemple, en dirigeant sous la parclose la branche femelle du beauveau suivant $o\,f$, l'autre branche, qui doit se projeter suivant $f\,c$, prendra la direction projetée aussi suivant $f_1\,k_1$ (fig. 117).

On procèdera de même pour corroyer la ceinture ; après quoi, quand les deux bâtis sont façonnés, on joint par des droites du côté de la surface courbe les directions prises en dessus et en dessous. Il suit de là que la direction, sur la surface, du balustre projeté en $f\,c$, se projettera (fig. 117), suivant $f_1\,l_1$ pour la parclose et $c_1\,k_1$ pour la ceinture.

On inclinera la mèche suivant ces directions pour percer les trous des balustres.

Enfin, pour compléter ces instructions, on tracera au trousquin sur la parclose et sous la ceinture, à partir de la surface courbe et à $0^m\,015$ environ de cette surface, des courbes parallèles à celles qui sont données sur la figure 115. Elles détermineront par leur intersection avec les directions mentionnées plus haut le centre des trous pour les balustres.

Si, à la place de balustres, on adoptait ce mode de génération pour un panneau, on procéderait, pour déterminer la longueur des barres et les angles rectilignes de leurs assemblages, par des rabattements comme celui que représente la figure $o\,f\,c^2\,h^2$.

205. La forme de la rotonde projetée par les figures 114 et 115 est telle que les droites $a\,b$ et $c\,f$, qui viennent se couper en n, forment un angle assez ouvert pour que son

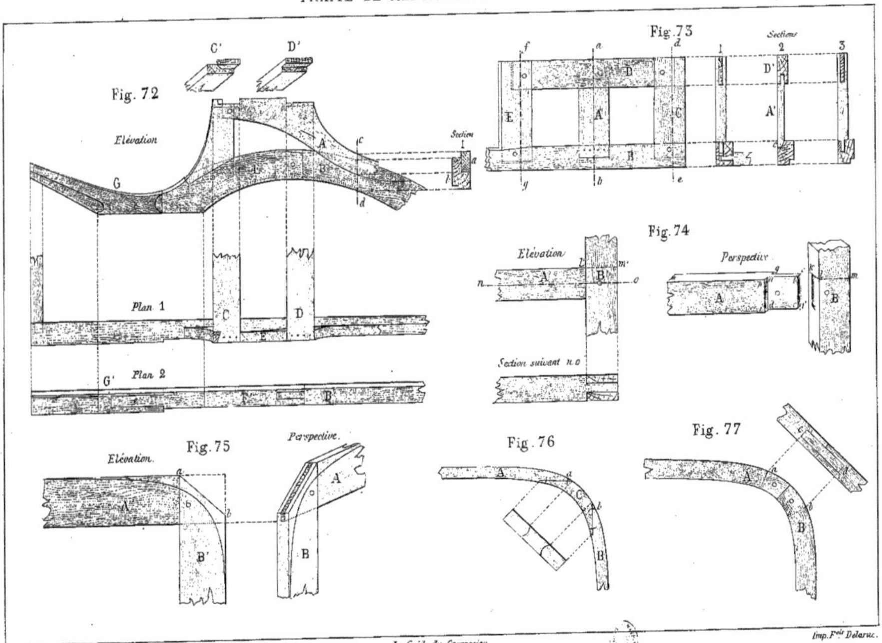

C'
D'
Fig. 72
Élévation
G
A
C
D
Section
a
b
Plan 1
G'
Plan 2
Fig. 73
Sections
f
a
d
1
2
3
E
D
A
C
D'
A'
B
g
b
e
Fig. 74
Élévation
Perspective
n
A'
B
m
o
A
B
Section suivant n.o
Fig. 75
Élévation
Perspective
A
b
a
A
B'
B
Fig. 76
A
C
b
B
Fig. 77
A
B

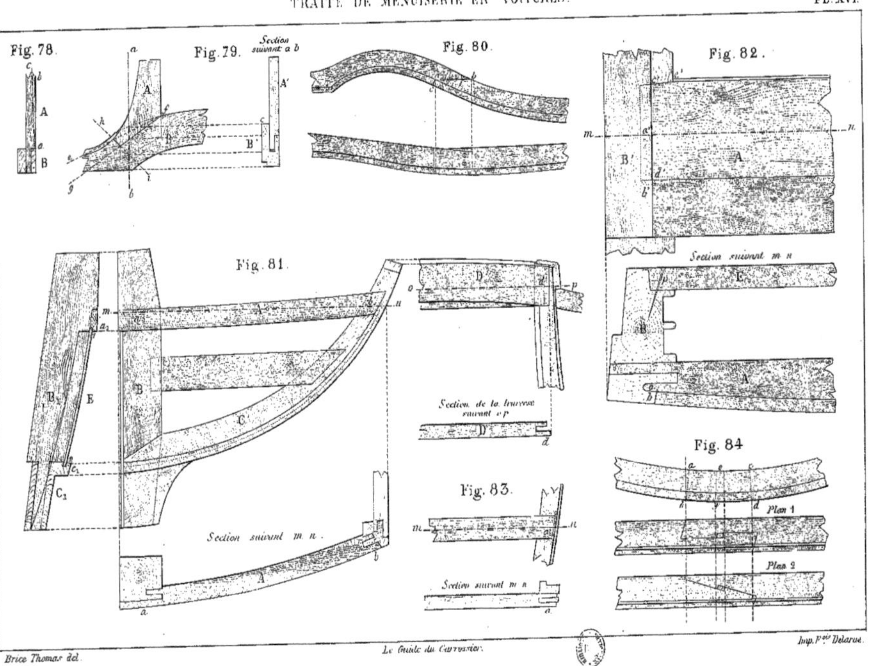

Brice Thomas del.

Le Guide du Carrossier.

Imp. F.^{on} Delarue.

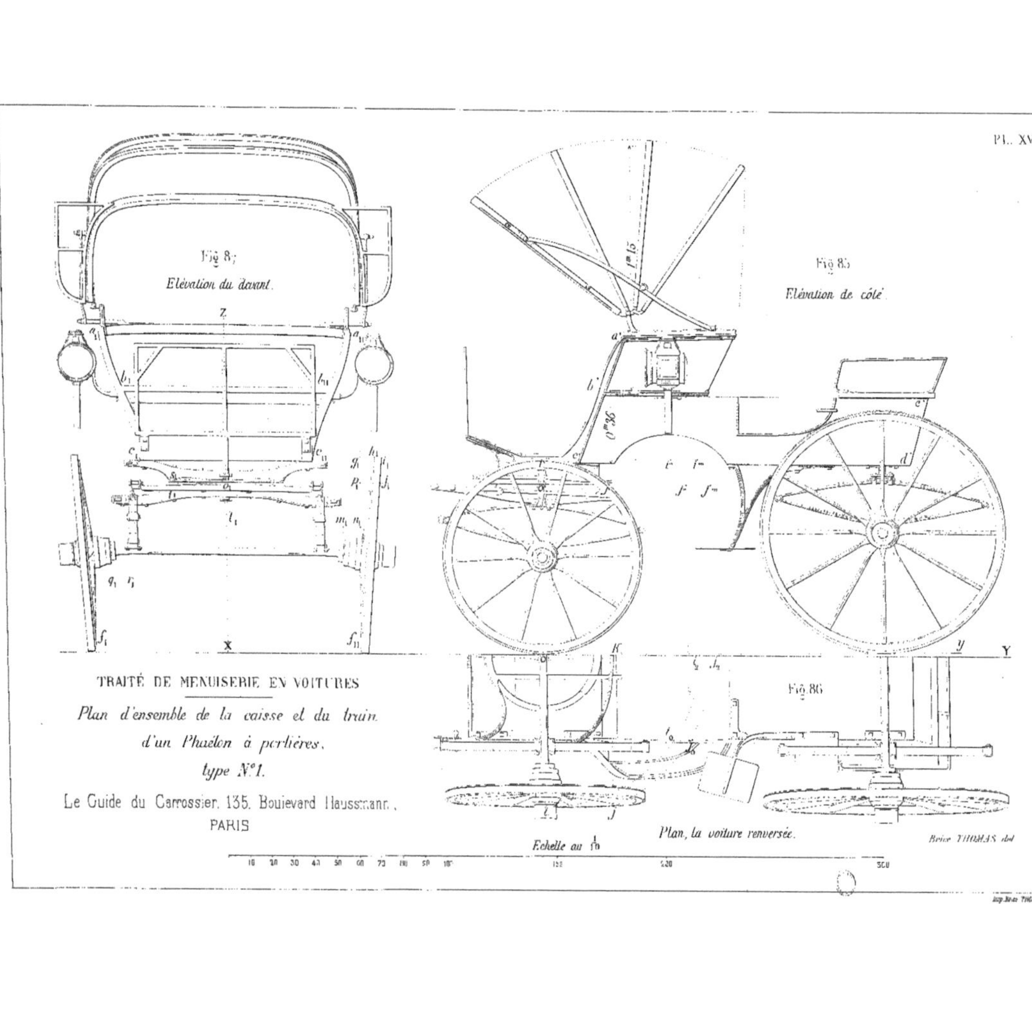

Fig 87.
Elévation du devant.
Fig 85.
Elévation de côté.
Fig 86.
TRAITÉ DE MENUISERIE EN VOITURES
Plan d'ensemble de la caisse et du train
d'un Phaéton à portières.
type N°1.
Le Guide du Carrossier, 135, Boulevard Haussmann,
PARIS
Plan, la voiture renversée.
Echelle au ¹⁄₁₀
Brice THOMAS del
Imp. Brice THOMAS

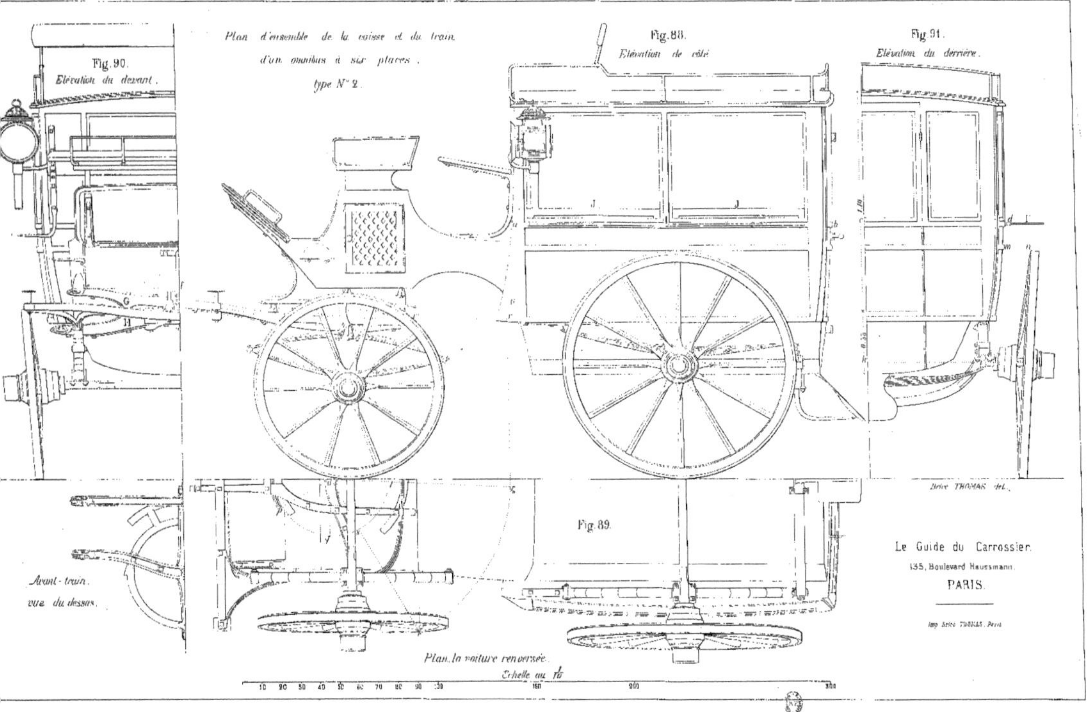
Fig. 90.
Élévation du devant.

Plan d'ensemble de la caisse et du train
d'un omnibus à six places.
type N° 2.

Fig. 88.
Élévation de côté.

Fig 91.
Élévation du derrière.

Brère THOMAS del.

Fig. 89.

Le Guide du Carrossier.
135, Boulevard Haussmann.
PARIS.

Imp Brère THOMAS, Paris

Avant-train.
vue du dessus.

Plan la voiture renversée.
Échelle au ½

10 20 30 40 50 60 70 80 90 100   150   200   300

Reliure serrée

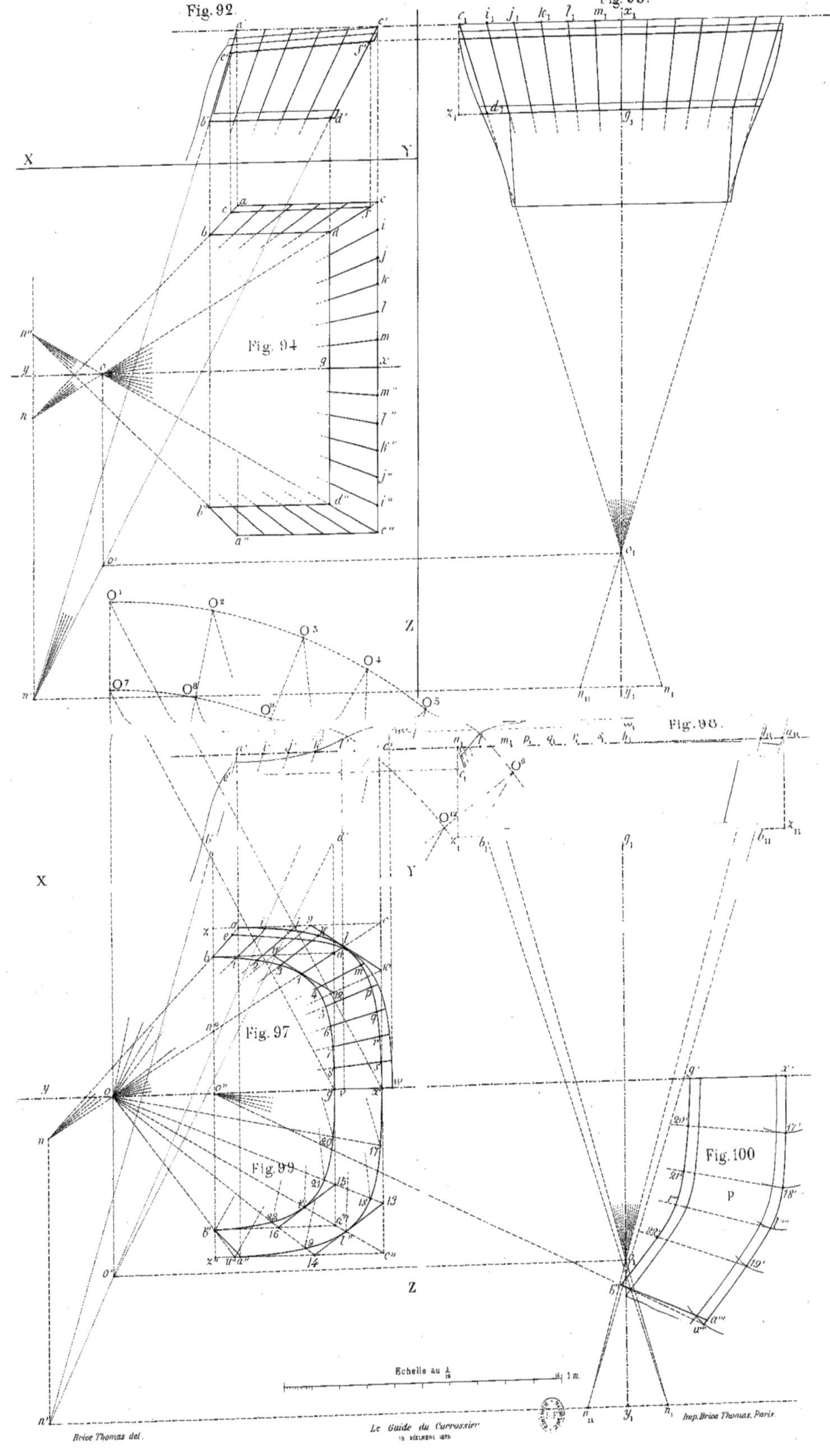

Fig. 92.
Fig. 93.
Fig. 94.
Fig. 97
Fig. 99
Fig. 100
X
Y
Z
Echelle au 1/10
1 m.
Brice Thomas del.
Le Guide du Carrossier
Imp. Brice Thomas, Paris.

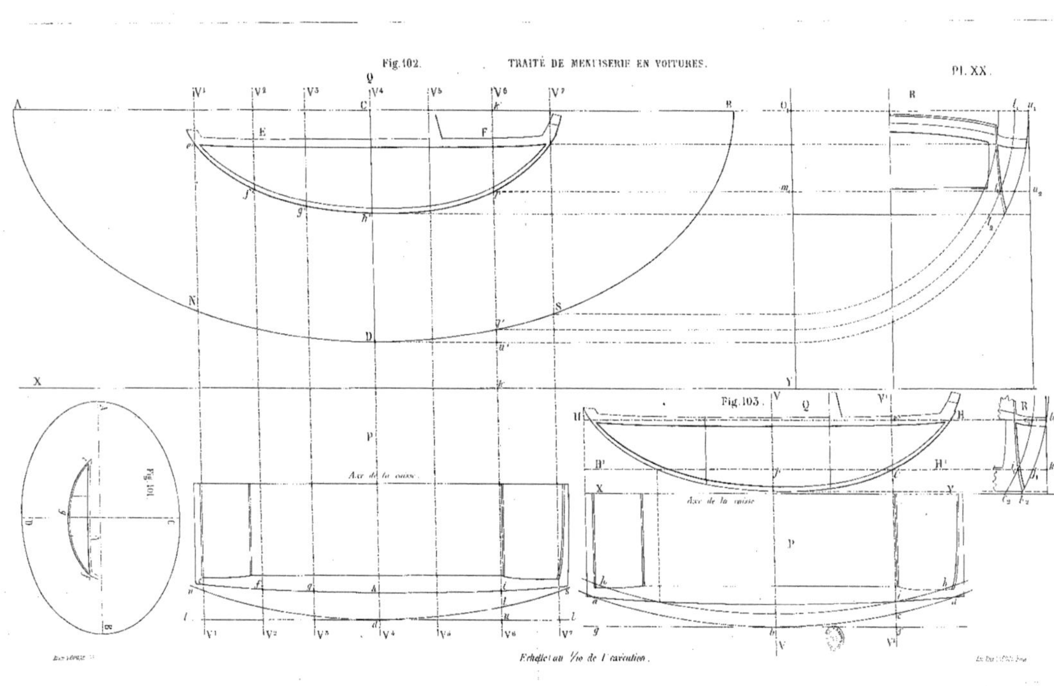

Fig. 102.
Fig. 101.
Fig. 103.
Axe de la caisse.
Axe de la caisse.
Échelle au 1/10 de l'exécution.

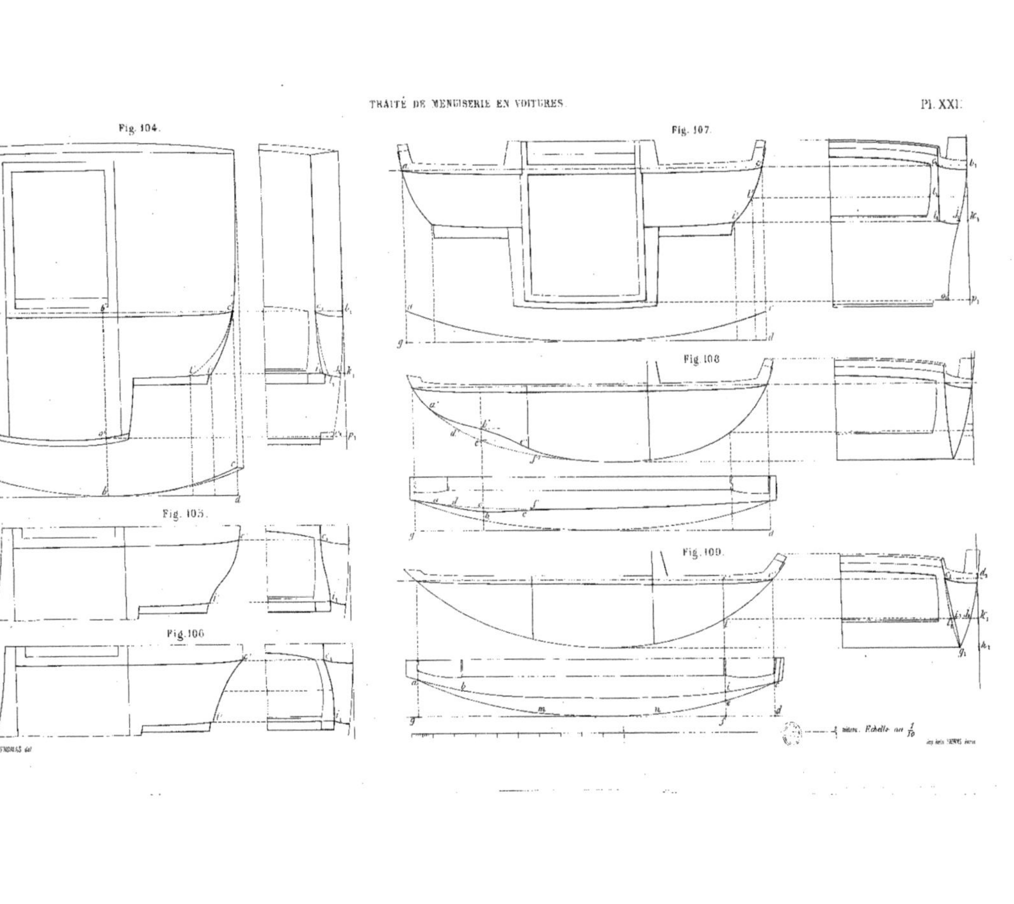
Fig. 104.
Fig. 105.
Fig. 106.
Fig. 107.
Fig. 108.
Fig. 109.
Echelle au 1/10

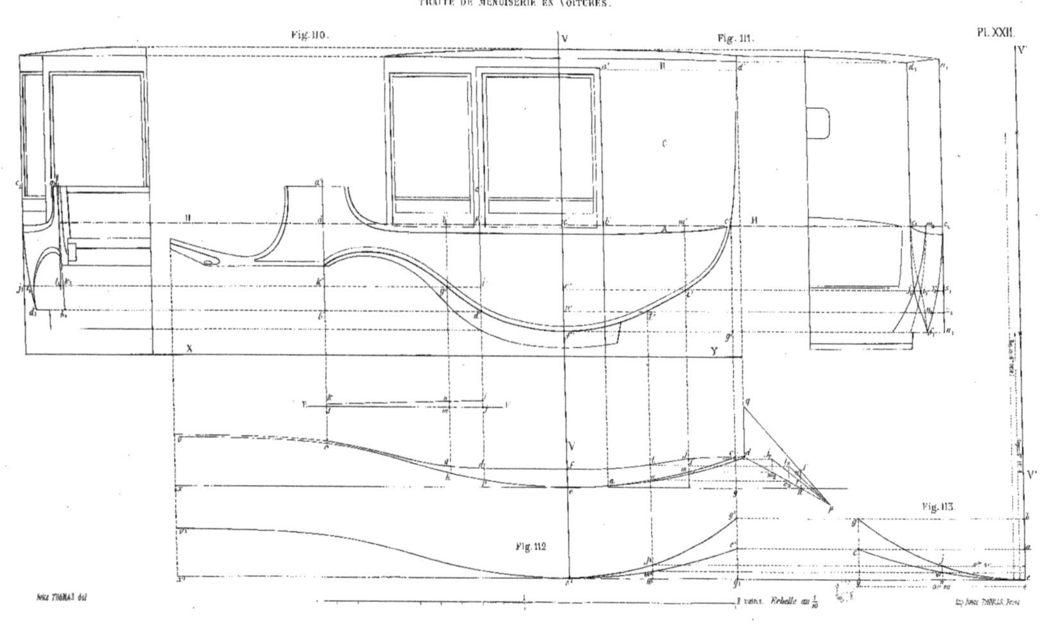

Fig. 110.
Fig. 111.
Fig. 112
Fig. 113.
Pl. XXII.
Echelle au 1/20
Léon THOMAS del
Imp. Léon THOMAS, Paris

Fig. 114.

Fig. 117.

Fig. 115.

Fig. 116.

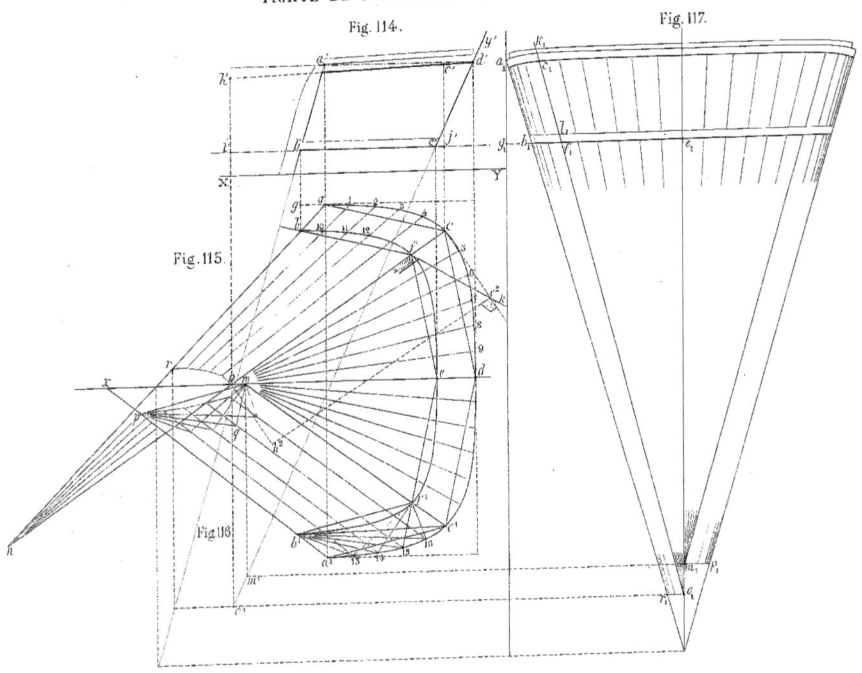

Fig. 118.

Fig. 119.

Fig. 121.

Fig. 120.

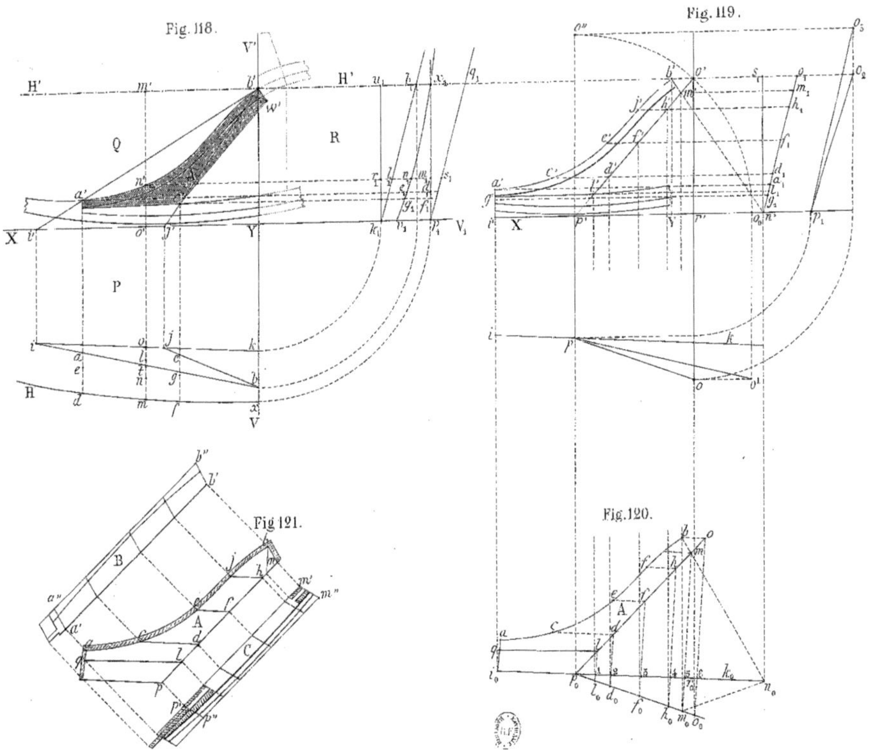

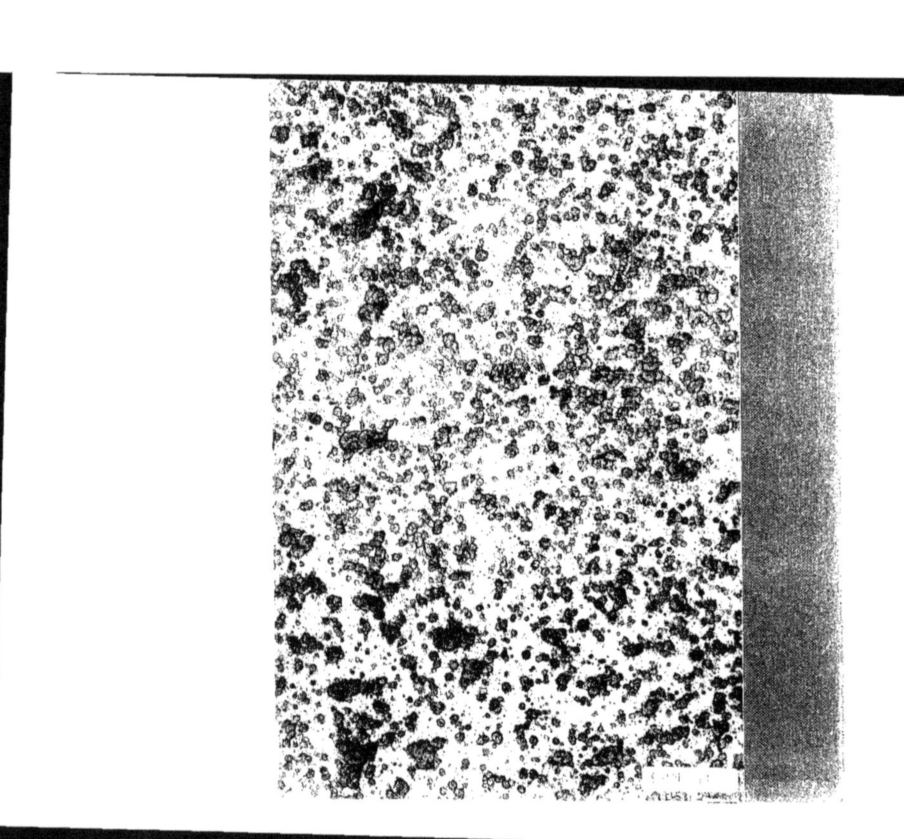

www.ingramcontent.com/pod-product-compliance
Ingram Content Group UK Ltd.
Pitfield, Milton Keynes, MK11 3LW, UK
UKHW021709130726
13696UKWH00004B/1710